KiWi PAPERBACK

1019

Über das Buch:
Verdammt, warum gibt es keine Zeitschrift speziell für den Mann ab 50 (Mode, Wellness, Tischdekoration)?
Diese Frage stellt Harald Schmidt in seinem neuen Buch nicht ohne Hintergedanken. Ab August dieses Jahres gehört er selbst zu den potenziellen Lesern eines solchen Magazins! Herzlichen Glückwunsch vom Verlag!
Harald Schmidt beantwortet in seinem neuen Buch nicht nur Fragen, die keiner gestellt hat, er präsentiert dem Leser sein Buch hier auch selbst, und zwar folgendermaßen:
»Der neue Schmidt ist ein Meisterwerk der Verschenkliteratur. Kaufen – schenken – wegstellen: der Dreiklang des modernen Zeitalters. Natürlich hat kein normaler Mensch mehr Zeit, Bücher zu lesen. Titel? Unwichtig. Autor? Genau, oder so ähnlich. Entscheidend: Hat man schon mal gehört und klingt doch so wie. Wer auf dem Weg zum Gate noch schnellma dieses Buch kauft, hat vier Bestseller auf einmal. Das sind mehr, als der Beschenkte auf den ersten und letzten flüchtigen Blick erfassen kann. Dann aufs Hörbuch warten. Und damit Titel- und Rückseite nicht so flattern, mittendrin ein supertolles Kennenlernpaket Ihres Verlages: Die FOCUS-Kolumnen der letzten beiden Jahre. Bücher – mehr als Text auf Papier!«

Der Autor:
Harald Schmidt, geboren 1957, Kabarettist, Schauspieler und Gastgeber der »Harald Schmidt-Show« in der ARD.

Weitere Titel bei Kiepenheuer & Witsch:
»Tränen im Aquarium«, KiWi 318, 1993. »Warum?«, KiWi 452, 1997. »Wohin?«, KiWi 557, 1999. »Quadrupelfuge«, KiWi 704, 2002. »Avenue Montaigne«, KiWi 817, 2004. »Mulatten in gelben Sesseln. Die Tagebücher 1945–52«, KiWi 913, 2005.

Harald Schmidt

Sex
ist dem Jakobsweg sein Genitiv

Eine Vermessung

Die FOCUS-Kolumnen

Kiepenheuer & Witsch

3. Auflage 2007

Umschlaggestaltung: Barbara Thoben, Köln
Umschlagmotiv: © Jim Rakete/Photoselection
Gesetzt aus der Stempel Garamond und der Helvetica
Satz: hanseatenSatz-bremen, Bremen
Druck und Bindung: Clausen & Bosse, Leck
ISBN 978-3-462-03954-2

Inhalt

»Beruhigt stelle ich fest, dass bei mir von Internet-Sucht nicht die Rede sein kann.«

Technik, Konsum und Glück: Alltag

»Für uns moderne, metrosexuelle Männer war die Vereinbarkeit von Frau und Beruf noch nie ein Problem.«

Praktikum, Prostata und Action Party: Gesellschaft

»Habt ihr schon gehört, was die Amis mit dem Cruise gemacht haben?«

Idomeneo, RAF und Zuckertitten: Kultur und Medien

»Große Sprünge kann man damit kaum machen.«

Yellow Bubble und Generation Cayenne: Wirtschaft und Finanzen

»Warum ist das Ausland verrückt nach uns?«

Weltreisende, Akademiker und andere Problembären: Traumziel Deutschland

Vorwort

Jeder Deutsche soll eine eigene Fernsehsendung haben! Dies war das wichtigste Ziel der Regierung Schröder, und es wurde verwirklicht.

Nun kristallisiert sich langsam heraus, was unter der Kanzlerin Merkel geschafft werden soll: Jeder Deutsche soll pro Jahr ein Buch veröffentlichen. Mindestens.

Auch hier sind wir auf einem guten Weg. Dass die meisten nicht schreiben können, wird dadurch ausgeglichen, dass sie auch nichts zu sagen haben. Unterstützend wirkt hierbei das Hörbuch, welches uns vor Ohren führt, dass auch kaum einer richtig sprechen kann.

In Deutschland gibt es etwa zehn Sprecherinnen und Sprecher, die handwerklich und künstlerisch fähig sind, ein Hörbuch zu sprechen. Zum Glück lassen sich auch Tausende andere nicht davon abhalten, zischelnd, pfeifend und nach Atem ringend eigene Werke auf CD zu stammeln. Auch die Plätze links und rechts der Tankstellenkassen wollen gefüllt sein.

All das muss man nicht wissen, um dieses Buch zu kaufen.

Es handelt sich hierbei um Verschenkliteratur, eine Kategorie, die in den Bestsellerlisten leider noch nicht geführt wird.

Verschenkliteratur stützt den Buchhandel und das Verlagswesen. Sie sichert Arbeitsplätze und wäre somit steuerlich besonders förderungswürdig.

Bei Verschenkliteratur geht es einzig und allein darum, dass sie gekauft wird. Deshalb wird sie in praktischer Höhe in Bahnhofs- und Flughafenbuchhandlungen gestapelt. Ein Fernsehgesicht auf dem Buchdeckel ist nahezu unerlässlich. Außerdem sollten im Titel Begriffe vorkommen, die dem schnellen Käufer irgendwie geläufig sind.

Ein nicht geringer Teil der Kunden wird das Buch dann für den eigentlichen Bestseller halten. Wie jeder aus zahlreichen Gesprächen weiß, hat kaum jemand korrekte Filmtitel oder Schauspielernamen parat. Aber alles hat man schon mal gehört, irgendwie.

Der Abgabetermin machte es notwendig, sich auf die Begriffe Sex, Jakobsweg, Genitiv und Vermessung zu einigen. Eine ziemlich richtige Entscheidung, denn alle belegen auch heute noch vordere Plätze auf den Bestsellerlisten.

Potter wäre rechtlich heikel gewesen. Deutsch-Irgendwas/Irgendwas-Deutsch hätte man noch mit reinnehmen können.

Hätte ich bis Ende Mai 2007 Zeit gehabt, hätte das Buch vielleicht »Jesus in Tannöd« geheißen. Aber man kann nicht alles haben.

Köln, Pfingsten 2007

»Wie viele Maschinen soll Vati denn noch pro Tag waschen?«

Never complain, never explain: Familie

Wenn Sie gerne schreiben und Zugang zu bezahlten Publikationsmöglichkeiten haben, dann gibt es kein großartigeres Thema als Familie.

Früher war Familie Vati, Mutti und die Kinder. Vati ging fremd und arbeiten, Mutti schaffte sich krumm und buckelig für kein eigenes Geld, und die Kinder waren erst süß, dann undankbar und später aus dem Haus.

Heute ist es noch genauso. Aber nicht mal der dümmste Reaktionär ist so blöd, es so zu formulieren und sich damit den Markt des Familienbusiness zu versauen.

Einige Regeln können Anfängern den Start in dieses Milliardengeschäft erleichtern. Zunächst ist es nur ein Eintrag bei Google, aber schon bald schreibt Iris Radisch über Sie in der ZEIT, und Sie sitzen bei Plasberg, Illner (natürlich eine Woche vorher!) und Beckmann. Und nur wenig später die eben Genannten bei Ihnen. Also, los geht's!

1. *Wir leben nicht mehr in den Fünfzigern. Wird durch einen raschen Blick auf den Kalender von jedermann bestätigt und zeigt: Sie sind auf der Höhe der Zeit.*
2. *Frauen sind finanziell nicht länger von Männern abhängig. Richtig. Durch hochwertige Schulabschlüsse und Ausbildungen geraten Frauen in kürzester Zeit in Spitzenpositionen. Bundeskanzlerin, Intendantin, Evangelische Landesbischöfin – die Liste ließe sich beliebig fortsetzen. Leider fehlt der Platz.*

3. *Kinder und Karriere lassen sich problemlos vereinbaren. Aber selbstverständlich. Allerdings sollten Sie nicht zu sehr ins Detail gehen. Verwenden Sie stattdessen lieber in regelmäßigen Abständen die Begriffe Krippen, Frankreich und Finnland.*
4. *Nicht jeder hat die finanziellen Möglichkeiten von Frau von der Leyen. Ganz wichtig. In jeder Talkrunde sollte diese Feststellung von Ihnen getroffen werden. Sie zeigt: Herzenswärme. Oder auch Compassion, wie bei Willy. Gerade bei SPD-Wählerinnen sollten Sie das Feld privates Kindermädchen/bonzige Doppelverdiener besetzen. So holen Sie die kettenrauchende Ruhrpöttlerin von Linkspartei und NPD zurück.*
5. *Junge Frauen in den Großstädten. Damit treiben Sie jedem CDUler den Schweiß auf die Stirn. Denn er weiß: Die wählen uns nicht! Eine Katastrophe! Denn in den Großstädten wimmelt es geradezu von modernen jungen Frauen, die alles machen: Yoga, was mit Medien, und wenn der Richtige kommt, auch von hinten ohne Gummi. Nur eins nicht: CDU wählen. Wegen Spießigkeit. Mit Großstädten sind übrigens Berlin und Hamburg gemeint. Und München. Mehr als hundert Prozent der Deutschen leben bereits in Patchworkfamilien. Damit signalisieren Sie: Vom überkommenen Familienbild habe ich mich verabschiedet. Patchwork heißt: Muttis Neuer finanziert auch noch ihren Ex, beziehungsweise der Ex zahlt auch noch für den Neuen. Patchwork in Kinderbüchern erkennt man daran, dass ein Teil der Kinder am Küchentisch nahezu weiß ist.*
6. *Nicht eheliche Kinder müssen ehelichen Kindern in allen Belangen gleichgestellt werden. Klingt ul-*

tramodern. Bedeutet aber vor allem, falls Sie in der CSU noch was werden wollen: Reibt mir nicht dauernd den Bankert vom letzten Fremdfick unter die Nase.

7. *Kinder brauchen andere Kinder. Ein zukunftsweisendes Plädoyer für Spielgruppen. Für ein stabiles Immunsystem gibt es nichts Besseres als fremden Rotz. Und Albanisch lernt man nie wieder so leicht wie als Zweijähriger.*
8. *Das Kindeswohl hat absolute Priorität. Dem ist nichts hinzuzufügen. Bitte BLZ nicht vergessen.*
9. *Frauen wollen nach der Geburt rasch wieder an ihren Arbeitsplatz zurückkehren. Wird leider von ewig Gestrigen immer noch bezweifelt. Aber gerade in den Bereichen Raumpflege und Fließband sind die Entwicklungen rasant, und viele Arbeitgeber greifen nur allzu gern auf billige Kräfte aus dem Westen zurück.*
10. *Der demographische Faktor. Klingt irgendwie erschreckend kalt und technokratisch. Hat aber einen zutiefst menschlichen Hintergrund: Jugend sieht zwar geil aus, hat aber kaum Geld und ist nicht im Grundbuch eingetragen. Sie sollte es unbeschwert genießen.*

Familienpolitik

Wir gratulieren dem vierfachen Golden-Globe-Gewinner und Oscar-Favoriten »Brokeback Mountain«. Sein Thema – schwule Cowboys – ist für uns allerdings nicht neu. Wir haben schon immer »Bonanza« geguckt.

Vielleicht wäre jetzt der richtige Zeitpunkt, die kultige Westernserie zu wiederholen. Schließlich hat Ben Cartwright als alleinerziehender Vater seine Söhne ganz ohne Mutti groß- und fettgezogen. Einzige Haushaltshilfe: Hop Sing, der chinesische Koch.

Damit wäre heute natürlich Schluss. Heute würde dem Chinesen die Ponderosa gehören, und Little Joe könnte von Glück sagen, wenn er mexikanische Tagelöhner beim Reparieren der Zäune auf der Nordweide beaufsichtigen dürfte. Niemand kann sich den Folgen der Globalisierung dauerhaft entgegenstemmen. Aber gerade in diesen Tagen sollten wir Ben Cartwright als leuchtendes Beispiel sehen: Es geht auch ohne Staat. Mit Sicherheit war Hop Sing weder alters- noch kranken- und sozialversichert. Schließlich sind wir in den USA. Aber haben wir Ben je darüber jammern hören, ab dem wievielten Dollar er eine Kinderbetreuung absetzen kann? Wie er die Doppelbelastung als Alleinerziehender und subventionsloser Landwirt unter einen Cowboyhut bringt? Die Ponderosa war das Urbild aller Kitas schlechthin. Integriert in die Arbeitswelt des Vaters wuchsen die Söhne auf, stets in Kontakt mit Tieren an der frischen Luft. Haptische Erfahrungen waren möglich, wann immer eine Kuh ganzheitlich was fallen ließ. Gut, Weiber gab's keine. Sie wurden auch nicht vermisst. Im Gegenteil: Das Unheil kündete sich immer mit dem Satz an: »Hoss hat gebadet.« Dann wurde der arme Dicke ganz rot, weil er wusste: Es ist Samstag, und er muss wieder in die Stadt und so tun, als ob er eine Frau sucht. Dabei wäre er vielleicht viel lieber im Schritttempo um die Railway-Station geritten.

Und damit wären wir beim Bundeskabinett, wo es zwar keine schwulen Cowboys gibt, aber jede Menge intelligente Lösungen in Sachen Kinderbetreuung. Sicher, der Themenwechsel hat was Abruptes, aber so geht es eben in der Politik. Wo früher nur Famillje und Gedöns waren, haben die Parteien jetzt die Kinderbetreuung entdeckt. Niemand dürfte sich wundern, wenn's beim Frühstück klingelt und draußen steht Frau Merkel und fährt die Kleinen persönlich in den Kindergarten. So viel Zeit muss neuerdings sein zwischen Leviten lesen. Die Zeitungen sind voll davon. Wo früher Arbeitslose oder Irak waren, sind jetzt betreute Familien.

Wer zögert, kriegt zu hören: Skandinavien. Details würden eher stören. Jeder weiß: Die Dörtes und Mettes kurz vorm Nordpol machen schon im Kindergarten Abitur, studieren parallel zur Schreinerlehre in lichtdurchfluteten Sauna-Universitäten Computer, Medizin und das Leben und starten fünf Minuten nach der Hausgeburt zur Goldmedaillenjagd im Biathlon. Trotz der Mücken. Genau da wollen wir hin.

Fehlen nur noch die Kinder.

Bundesbefruchtungswart

Seit heute ist es amtlich: Wir brauchen einen Bundesbefruchtungswart! Wohnsitz Deutschland, Kopf eines hochkompetenten Teams von Gynäko-, Uro-, Sozio- und Psychologen, das ab sofort die Philosophie verfolgt: Deutsche, gebt die Innenverteidigung auf! Wehrt euch in keinster Weise gegen Schwangerschaften! Du bist Deutschland – wir sind schwanger: Embryo statt Goleo! Auch der siebenhundertachtundzwanzigste Feuilletonartikel zum Thema »Die Deutschen sterben aus« (alternativ auch »Die vergreisende Republik« oder »Deutschland – die kinderlose Wüste«) hat nichts bewirkt: Kurz nach dem 1:4 müssen wir auch noch die niedrigste Geburtenziffer seit Erfindung der kritischen Tage erleben.

Der Verfasser dieser Zeilen kann dies allerdings persönlich nicht bestätigen. Auf den von ihm genutzten Entbindungsstationen schieben sich die Hochschwangeren dicht an dicht über die Flure. Vielleicht liegt es an der zukunftsweisenden Kombination aus katholischer Trägerschaft und muslimischer Gebärender. Wäre einerseits ein herzerwärmendes Beispiel von geglücktem Dialog in religiös nicht immer ganz konfliktfreien Zeiten. Andererseits könnte selbst eine Stadt wie Köln daraus eine gewisse Existenzberechtigung für kommende Jahre ableiten. Denn das ist die nächste Horrorvision: Ganze Gebiete veröden.

Momentan hauptsächlich Mecklenburg-Vorpommern, Ostbayern, Nordhessen und das westliche Ruhrgebiet. Wer mal da war, weiß: Das muss kein Nachteil sein! Wüsten gehören zu den faszinierendsten Gebieten unseres Planeten. Oder hat man schon mal davon gehört, dass Reinhold Messner durchs Rhein-Main-Gebiet gewandert wäre?

Natürlich darf der Hinweis nicht fehlen: Überwiegend sind es die Männer, die sich dem Kinderwunsch verweigern. Kein Wunder: Wenn selbst Hollywood vor allem schwule Cowboys und alkoholkranke Schriftstellertunten feiert – wer garantiert dann dem deutschen Hetero noch seinen Arbeitsplatz? Ganz zu schweigen von Müttern. Es könnte einem vor Wut der Stillbüstenhalter platzen beim Gedanken daran, dass Frauen nach der Geburt des Kindes vielleicht keinen Leitartikel mehr schreiben können mit Sätzen wie: »Selbst Unternehmen mit steigenden Gewinnen entlassen viele Menschen.« Wo doch ein Blick in den Wirtschaftsteil der eigenen Zeitung Aufklärung hätte schaffen können: Entlassung ist keine Folge, sondern die Voraussetzung.

Pflanzen wir uns also fort in den freien Minuten zwischen Gratisnachhilfe fürs Migrantennachbarskind und Unterstützung bei der Firmengründung für Achtzigjährige. Und dann wüssten wir noch gern, ob vielleicht ein sanftes Lächeln über das Gesicht des ehemaligen Professors Ratzinger huscht, wenn er erfährt, was kurz nach 68 (katholische Zeitrechnung) in deutschen Feuilletons gefordert wird.

Mit 67 Jahren

Die Deutschen leben immer länger und arbeiten immer kürzer. Politiker aller Parteien sind sich darin einig, dass es keinesfalls umgekehrt kommen darf. Aber zur Politik gehört der Kompromiss. Deshalb: Rente mit 67. Ab 2029. Danach kann jeder leben, so lange er will. Soweit vorpolitische Instanzen das absegnen.

Das ist eine nicht diskutierbare Grundlage unserer globalen humanistischen Gesellschaft, da brauchst du keinen Koalitionsvertrag.

Bleibt die Frage: Wie soll einer bis 67 arbeiten, der mit 52 schon keine Arbeit mehr hat? Ist hier der Staat gefordert? Die Gesellschaft? Die Familie? Die Vereine? Oder gar die Unternehmer? Denn man hat herausgefunden: Zwar machen die Unternehmer satte Gewinne, benutzen die aber eher selten für »Investitionen« (wie gern in Talk-Shows behauptet wird).

Sondern lieber zur »Rationalisierung«. Job weg, Mitarbeiter raus, Kurs hoch. Da brauchst du kein Studium. Das begreifst du auch so.

Und was ist mit Schlagern wie »Mit 66 Jahren, da fängt das Leben an«? Also erst im letzten Berufsjahr? Zumal diese Behauptung theologisch noch nie haltbar war. Stichworte wie Schöpfung, Zeugung, Agape sollen hier genügen.

Noch schlimmer sieht es für den überlebenden Teil der Beatles aus: »When I'm 64« können sie glatt wegschmeißen. Die Zeile »will you still need me« geht ja noch. Aber von wegen »will you still feed me« oder »losing my hair«! Die Zukunft kennt nur noch sehnige Wuschelköpfe, die mit 70 die Leistungsfähigkeit von heute 20-Jährigen haben werden. Dank der Tasse gentechnisch piekfeinen Olivenöls zum Frühstück.

Und da ist es wieder mal: Das Positive! Im Jahr 2029 werden Zehnjährigen die Wangen glühen, wenn sie von 85-Jährigen durchs MP3-Player-Museum geführt werden. Diese Lebensweisheit. Dieser Erfahrungsschatz. Ein bisschen können wir uns die Bereicherung durch ältere Arbeitskollegen heute schon ausmalen. Dieses Glücksgefühl, wenn der Senior trotz Geschäftsübergabe an den Filius um 7.30 Uhr auf den Hof fährt! Danke, Münte. Die SPD wird Sie 2029 als 89-jährigen Kanzlerkandidaten stehend feiern. (Der 75-jährige Platzeck hat im Dienste der Partei verzichtet. Andere Lebensplanung.)

Vati kommt

Sind die Wähler von Kurt Beck zeugungsfreudiger als die Unterstützer von Bundeskanzlerin Dr. Merkel?

Diese Frage kann niemanden überraschen, der den Artikel »The Return of Patriarchy« von Phillip Longman gelesen hat (www.newamerica.net). Fazit: Wer eher konservativ ist und Präsident Bush unterstützt, gibt diese Einstellung häufiger an eine fröhliche Kinderschar weiter als ständig kritische Geister, die sich eher zu weichen Drogen, Homosexualität und Sterbehilfe hingezogen fühlen. Solche Zeitgenossen leben wahrscheinlich allein oder in einer kinderlosen Beziehung.

Mr Longman schildert zwei interessante Beobachtungen: Zum einen steht das Wertesystem des heiratswilligen Mannes im Wettbewerb mit anderen männlichen Vorstellungen vom angenehmen Leben (Bier, Fußball, DVD, Anm. d. Verf.). Das kann ganz schön hart sein, aber jetzt ist mal der Altruismus dran. Zum anderen ist ohne ausreichend Bevölkerung Schluss mit Supermacht. Siehe Irak: Trotz Laserwaffen und unbemannter Drohnen – oft entscheidet die »Zahl der Stiefel auf dem Boden« über den Verlauf der Geschichte. Wobei in letzter Zeit auch Sandalen denkbar sind. Daraus folgern wir schluss: Kein gesunder Mann, der sich für Zukunft interessiert, kann sich länger den Herausforderungen des Neuen Patriarchats entziehen. Denn schuld an unseren leeren Rentenkassen sind nicht zu viele neunzigjährige Hochleistungssenioren. Schuld ist eine neue, geradezu sensationelle Figur der Zeitgeschichte: der ungeborene Arbeiter.

Im Rahmen des ungeborenen Lebens wurde auch der ungeborene Arbeiter lange genug geschützt. Das können wir uns nicht mehr leisten (Globalisierung!), jetzt muss er raus. Sechs Jahre bis zum Abi, drei Jahre Turbostudium und dann ab in die gesellschaftliche Verantwortung. Ausdrücklich erwähnt Mr Longman, dass im Neuen Patriarchat nicht einfach nur Vati sagt, wo's langgeht. Wie im Fußball. Das System ist wichtig, aber es müssen auch alle mitspielen: Vati rackert, Mutti kümmert sich, dann produziert das patriarchische System eine »höhere Anzahl von Kindern und möglicherweise Kinder von höherer Qualität« als anders organisierte Gesellschaften.

Ist strittig, diese These. Schreibt auch Mr Longman. Aber wenn wir ans alte Rom denken oder das protestantische Europa des 17. Jahrhunderts, dann kann man beobachten – ohne jetzt echt irgendwie was beschönigen zu wollen –, dass eine Gesellschaft, die Frauen mit im Wesentlichen nur drei Lebensmodellen beschenkt – Nonne, Nutte oder Mutti –, auf einen »hoch effektiven Weg gestolpert ist, um das Risiko des demographischen Untergangs zu verringern«. Wenn ich mich nicht völlig verübersetzt habe. Ja gibt's denn da gar keine Haftung? Neues 68 oder so? Doch, schon. Aber selbst wenn man ein Auto zwecks Barrikade mal umkippen möchte, ist ja dann keiner mehr da, der mal mit anpackt. Siehe ungeborener Revolutionär.

Trotz Energie-, Integrations- und Was-sonst-noch-Gipfel – Vater Staat verabschiedet sich immer mehr. Was bleibt, ist Vati: einfach Vati. Sei so lieb, Mutti, und bring mir noch'n Bier mit! Aber weck die Kinder nicht auf. Küsschen, haste gut gemacht.

Männerzeitschriften

Verdammt, warum gibt es keine Zeitschriften speziell für den Mann ab 50? Wir haben es uns verdient! Wir haben Kinder großgezogen, nächtelang am Küchentisch mit Freunden die Welt verbessert, mehr als einmal das ganze Wochenende Rotz und Wasser geheult, wenn sie wieder mal nur Sex wollte, während uns nach kuscheln war.

Jetzt, ab 50, also im gefühlten zweiten Drittel unseres Lebens, hätten wir gerne ein Magazin, das verdammt nochmal nur für uns gemacht ist. Mit Themen, die uns interessieren: Mode, Wellness, Tischdekoration. Oder sind wir 50-jährigen Männer plötzlich nichts mehr wert, knapp 40 Jahre vor dem Ende unserer Reproduktionsfähigkeit? Bei einer guten Kiste Rotwein schwören wir uns: Es wird Zeit, dass wir endlich mal was für uns selber tun. Yoga, Thalasso, Ayurveda – ein Weekend auf einer Schönheitsfarm, wo einen keiner blöd anschaut wegen der vielen Lachfältchen am Gesäß. Die haben wir uns schließlich hart erarbeitet, weil wir die Widrigkeiten des Lebens immer mit Humor genommen haben. War mühsam genug, das zu lernen.

Während ich mit Lars (54, Innenarchitekt und Weltenbummler aus Kopenhagen) und Jossele (60, eigentlich Puppenspieler aus Bukarest, demnächst aber Praktikant bei Peter Zadek) an Omis altem Küchentisch die Eier mit Spüli schrubbe, um beim Ausblasen das Risiko einer Vogelgrippeinfektion zu mindern, werde ich wütend. Es gibt unzählige Zeitschriften für Frauen jeden Alters. Wie lange lassen wir Männer es uns noch gefallen, dass wir vom Zeitschriftenmarkt einfach übergangen werden?

Als ich weine, nimmt mich Jossele in den Arm. Frauen können in so einem Fall psychologische Dossiers in ihren Magazinen zurate ziehen. Verweigert man uns so etwas, weil wir sensibler sind? Tiefer empfinden? Unsere Träume nicht im Wartezimmer des Urologen an den Haken hängen?

Wann begreifen wir Männer endlich, dass unsere Verrücktheit, unser Anders-Sein, unser Mut zum Fallenlassen unsere größten Stärken sind? Barfuß durch die Fußgängerzone tanzen, im Meeting frische Feldblumen verteilen oder das Badezimmer in ein Meer aus Kerzenlicht verwandeln, während wir im Schaum erlesener Öle plätschern und im CD-Player die Neue von Roger Whittaker schnurrt – Herrgott nochmal, wer so intensiv lebt, der will lesen, dass es auch andere tun. Nennt sie Horst, Bernd oder Karlheinz – aber gebt uns endlich die Zeitschrift für den Mann 50plus!

Wir zahlen nicht nur Unterhalt für beliebig viele Exen, die nach der Trennung von uns ihr Glück mit einem Bauingenieur in Herford oder als Lesbe im Tessin gefunden haben. Wir akzeptieren uns vor allem in unserer unvollkommenen Schönheit. Das macht uns so unwiderstehlich. Mit grauen oder keinen Haaren, samt Altersflecken auf Händen und Hose. Demnächst am Kiosk?

Fragen!

Was geht in unserem Nachbarn vor, der beim Grillabend gedankenverloren auf die kokelnden Würste starrt? Wie war das Verhältnis zu seiner Mutter? Nutzt er das Internet häufiger als wir, und warum wurde in der vergangenen Woche eine neue Kühltruhe geliefert? Scheinbar alltägliche Vorgänge erscheinen in neuen Zusammenhängen, wenn wir die täglichen Zeitungsmeldungen zu sehr an uns heranlassen. Ist einer, den wir gut zu kennen glaubten, ein perverser Fußballfan, der während der nächsten Wochen das Haus nicht mehr verlassen möchte und sich aus diesem Grund bis unters Dach mit Tiefkühlware eindeckt? Oder handelt es sich um einen ganz normalen Kannibalen, der höflich und zurückhaltend rasch noch zum Bahnhof fährt, den Besuch abholen? Und wie sieht es in diesem Zusammenhang in Skandinavien aus? Denn »Skandinavien«, du scheinst es irgendwie besser zu haben. Egal ob Cholesterinwerte, Ganztagsschule oder Frauenglück – immer sollen wir uns mal »an den skandinavischen Nachbarn ein Beispiel nehmen«.

Die haben das doch auch geschafft. Irgendwie. Was genau? Irgendwie alles. Weil sie rechtzeitig mit »dem Umbau angefangen haben«. Und »Einschnitte vorgenommen«. Schmerzhafte, natürlich. Dafür haben sie auch keinen Sigmund Freud gehabt. Und keine Jeanne Moreau. So abrupt, wie jetzt der Übergang war, so abrupt endete auch die Berichterstattung über die beiden. Wehmütig erinnern wir uns an Wochenenden, in denen doppelseitig bis zu zwölf Freud-Artikel im selben Blatt erschienen. Die Couch, die Frauen, die Psyche – kein noch so dunkler Winkel blieb unbeleuchtet. Geschah da vieles unbewusst? Und dann erst die Interviews mit Jeanne Moreau! Madame, Sie rauchen? Madame, Sie trinken? Madame, Sie atmen? Gab es einen potenziellen Truffaut-Kenner oder unbekannten Klein-Handke, der nicht nouvelle-vagueisch wirkte, wenn die Grande Dame zum Fenster schaute? Merke: Wo immer ein internationaler Star sich schnäuzt, finden sich zwei deutsche Feuilletonisten, die erzittern.

Übertroffen werden Jeanne-Moreau-Interviews nur von solchen mit Isabelle Huppert (nicht verwechseln mit Hoppel-Heide!). Mega-Star-Faktor, der vor allem bei Journalistinnen zu Extrasystolen führt: Sie ist kleiner als gedacht und kommt mit Verspätung. Außerdem: trägt Jeans und Sonnenbrille. Antwortet häufig mit ja/nein/weißnich. So viel Verletzlichkeit, so viel Chabrol. Mehr davon! Ein weiter Bogen, von der Grillwurst bis zur Kameliendame. Pourqoui pas, Madame?

Nici aua!

Dabei ist er sooooo süß! Jetzt ist unser WM-Maskottchen Goleo bestimmt gaaaaanz traurig, aber er kann ja nichts dafür: Die Firma Nici (klingt irgendwie auch total süß) hat Insolvenzantrag wegen Zahlungsunfähigkeit gestellt.

Das sind schlimme Worte für den Hersteller von Goleo und anderen süßen Püppchen und Mäppchen und Häschen und Täschchen. Wir Kinder verstehen so was gar nicht, aber Vati und Mutti haben uns erklärt, dass es so ist, wie wenn im Spielzeugkaufladen die Taler fehlen. Natürlich haben meine Freunde und ich jetzt ganz doll Angst, dass bald vielleicht auch keine anderen süßen Nici-Stifte oder -Elche mehr verkauft werden. Sie baumeln doch so lustig an unseren Schulranzen oder sitzen als fröhliche Eierwärmer auf dem Frühstücksei oder zappeln als Schlüsselanhänger.

Wenn wir zum Geburtstag zum Beispiel ein Buch geschenkt bekommen, dann klebt am Geschenkpapier fast immer noch ein Nici-Püppchen. Manchmal haben wir dann schon bemerkt, dass Mutti die Augen verdreht oder so komisch seufzt. Und dann flüstert sie ganz leise: »Nicht schon wieder.« Aber wenn wir Mutti dann fragen, was los ist, sagt sie bloß: »Nix, nix.«

Einmal haben wir sogar in der Garage zufällig eine große Schachtel entdeckt mit gaaaaanz vielen Stofftieren drin. Drei Meter große Ponys, pinkene Störche oder supersüße Krokodile mit Kassette im Bauch. Und natürlich Nici-Robben und -Kissen. Die haben wir alle mal geschenkt bekommen, aber Mutti hat gesagt: »Die kommen gleich in die Garage.« Für ganz arme Kinder in Afrika. Die freuen sich ganz arg, wenn sie die kriegen. Wir auch, aber wir können schon welche abgeben, weil wir ja zwei Tage später neue kriegen. Geschenkt oder gekauft. Zum Glück muss man sie nicht lange suchen. Denn auf dem Bahnhof und im Kaufhaus wimmelt es nur so von großen Ständern mit supersüßen Nici-Sachen dran.

Kaufen denn wirklich so wenige den süßen Goleo? Wir haben im Karton in der Garage gleich drei gefunden. Bestimmt sind so Zeitungen schuld wie die böse, böse FAZ, die geschrieben hat, »wegen seines tumben Gesichtsausdrucks und seiner heraushängenden Zunge« sei Goleo oft verspottet worden. Pfui, das glauben wir nicht! Denn andere sehen auch so aus und spielen Hauptrollen im ZDF.

Bitte, bitte, liebe Plüschtierfee, mach, dass Nici ganz schnell wieder gesund wird. In unserem Karton ist noch viel Platz.

Mikrozensus

»Wie viele Kinder haben Sie?« Diese Frage ist im aktuellen Mikrozensus bewusst nicht gestellt worden. Schade eigentlich. Denn die möglichen Antworten a) weiß nicht, b) mir egal oder c) auf jeden Fall mehr, als ich mir leisten kann – sie hätten uns demographisch schwer nach vorn bringen können.

In jeder Hinsicht sind die aktuellen Kinderstandsmeldungen ein »familienpolitisches Alarmsignal«, wie Philipp »die Hüfte« Mißfelder messerscharf geschlussfolgert hat. In schonungsloser Offenheit hat der Vorsitzende der Jungen Union einen Klimawandel gefordert. Zwanzig Jahre nach der Gründung eines deutschen Umweltministeriums und fünfundzwanzig Jahre nach der Entdeckung von Aids (Warum waren beide Events dem ZDF keine Gala wert?) solle in Deutschland ein Klima geschaffen werden, in dem Kinder als Gewinn, nicht als Belastung angesehen würden.

Dieser mutige Appell kann nur unterstützt werden. Im gegenwärtigen Klima sind Kinder wirklich eher belastend. Sie sehen aus wie Sau, wenn sie bei Schmuddelwetter vom Spielplatz kommen. Wie viele Maschinen soll Vati denn noch pro Tag waschen? Wenn das Wetter in Deutschland besser wäre, wären vielleicht auch mehr gleichgeschlechtliche Lebensgemeinschaften bereit, ein Kind zu adoptieren. Was natürlich eine Vermutung ist, denn bei der jüngsten amtlichen Stichprobenerhebung belief sich die Zahl solcher Lebensgemeinschaften auf irgendwas zwischen 60.000 und 173.000. Wieso lässt sich das nicht präziser ermitteln? Sind unsere gleichgeschlechtlichen Nachbarn häufiger shoppen, wenn gestichprobt wird? Exakt lässt sich dagegen vermelden, dass jeder fünfte Deutsche mittlerweile einen Migrationshintergrund hat. Sei es, dass er selbst migrierte oder dass von der Verwandtschaft im Hintergrund eine hohe Migrationsbereitschaft gezeigt wurde. Nur ganz am Rande: Auch bei mir wurde ein Migrationshintergrund selbst diagnostiziert, wurden doch meine Eltern aus dem Sudetenland und Südmähren diversen Wandergruppen zugeteilt. Insofern macht es mich schon ein bisschen stolz, einer topmodernen Bevölkerungsschicht anzugehören, die eine weit überdurchschnittliche Fortpflanzungsbereitschaft zeigt.

Überhaupt nehmen die guten Nachrichten im aktuellen Mikrozensus kein Ende. Der Haushaltsstandort Deutschland boomt! Wo immer sich zwei super verstehen, gründen sie sofort einen Haushalt. Vorbei die Zeiten, als Großfamilien in 2-Zimmer-Wohnungen den persönlichen Freiraum doch stark einengten. Die durchschnittliche Haushaltsgröße beträgt 2,11 Personen. (Noch nicht eingerechnet ist der niedersächsische MP Wulff, der als aktuellster Patchworker zwischen Landesvertretung, Erst- und Zweitfamilie pendelt. Das Statistische Landesamt Niedersachsen will diese Berechnung nach dem sogenannten Schröder/Hillu-Faktor nachreichen.)

Paradiesischer Sanierungsfall

Deutschland ist auch ein Sanierungsfall (Angela Merkel). Wir leben in einem Paradies (Franz Beckenbauer). Beide Sätze sind richtig, und beide Sätze gehören zusammen. Entscheidend ist das Wörtchen »auch«. Denn schließlich war auch das ursprüngliche Paradies ein Sanierungsfall. Apfel, Schlange – und tschüss. Es ist theologisch nicht zu sehr vereinfacht, wenn wir festhalten: Der Stress begann, als die Frau kam. Nur mit Rippe wäre das nicht passiert. Paradies bedeutet immer auch, dass zwei rausfliegen (siehe Globalisierung). Nackt, kinderlos, ohne Absicherung fürs Alter und im Krankheitsfall. Im Schweiße ihres Angesichts mussten sie fortan ihr Brot verdienen. Heute würde man sagen: bis an ihre Grenzen und drüber gehen, Laufbereitschaft zeigen und Top-Leistung abrufen.

Wie es weiterging, ist bekannt: Schon Kain zeigte gegenüber Bruder Abel eine Gewaltbereitschaft, dass es einem graust. Und das Ganze ohne Computer im Kinderzimmer. Wir sollten uns aber gerade in diesen Zeiten davor hüten, das Paradies schönzureden. Der Garten Eden war keine Fanmeile.

Das alles geschah, lange bevor sich Ehepaare splitteten mit Sätzen wie »Wir haben uns auseinander gelebt« und »Ich will meinen Mann nicht zurück«. Als besonders grausam muss in diesem Zusammenhang auch die Drohung verstanden werden: »Mein Mann darf das Kind sehen, so oft er will.« Und wenn er froh ist, dass er nicht mehr muss? Welcher Staat stellt ihn dann unter besonderen Schutz? Familie heute sieht nicht mehr aus wie zu Adams und Evas Zeiten. Vorbei, als Familie noch zwei Nackte plus Söhne waren. Heute kann als Familie alles gelten, was sich unter einem Dach der Brutpflege widmet. Singles, Leihmütter, Schwule, Patchwork, in vitro, Alleinerziehende oder Mehrgenerationenhölle – Familie ist alles, was mit Kindern der Fall ist.

Als willkürliches Beispiel sei hier ein lediger Vater von elf Kindern mit einem Monatseinkommen von 800 Teuro genannt. Im Gegensatz zum verheirateten kinderlosen Schmarotzer, dem Mutti schon morgens das Bier von der Tanke holt, wird der Besserverdiener bei den geplanten Reformen hart bestraft. Splittingmäßig sind Kinder samt vier Müttern nüscht wert. Hinzu kommt, dass durch die Abschaffung der privaten Krankenversicherung das Wellness-Wochenende in einer schicken Privatklinik zukünftig entfällt. Von den Sozen haben wir es nicht anders erwartet. Aber ist die drohende Verelendung von kinderreichen Millionärssingles noch mit den Werten einer christlichen Partei vereinbar? Wir bitten um Nachricht bis zum Halbfinale.

Der Brötchenholer

Natürlich ist es ärgerlich, wenn man jetzt erst Ferien hat, bei dem Sauwetter, wo doch vorher diese Hitze. Phänomenologisch weiterhin interessant bleibt jedoch ein Typus, der wetterunabhängig vor allem in familienverseuchten Urlaubsgebieten auftritt: der Brötchenholer.

Der Brötchenholer ist fast immer männlich, hat Familiensinn und repräsentiert die ganze Palette von schon gejoggt und geduscht bis hin zu sich ungekämmt aus dem Schlafsack in die Bäckerei geschleppt.

Während der Jogger seine zehn Brötchen an jedem Urlaubstag schon reserviert vorfindet – gern mit akademischem Titel auf der Tüte (5 Roggen, 5 normal, Dr. Wessels), muss der angesiffte Strubbelkopp »ersma übalegn«. Dabei gähnt er ausgiebig, tritt von der Verkaufstheke zurück (man will den Schnellentscheidern ja nicht im Weg stehen), und während er in leicht gebückter Haltung das Angebot begutachtet, kratzt er sich ausgiebig in den Haaren. Dies signalisiert einerseits den Schwierigkeitsgrad der Entscheidung, wirbelt andererseits aber auch Kleintiere über die Backwaren.

Der Brötchenholer steht gern und diszipliniert in der Schlange, die aus dem Laden bis auf die Straße reicht. Vor allem sonntags, wenn Bäcker Piefke zwischen acht und elf geöffnet hat. Die Brötchen von Bäcker Piefke sind einfach superlecker, da kommen »die Leute echt weit für her«. Unter den Schlangestehern auf der Straße sieht man viele, die den Fahrradhelm aufbehalten. An ihren muskulösen Stachelbeerwaden sind noch Schlickspritzer von der Muschelsuche am Vortag.

Mit ihrer Hornbrille stoßen sie häufig an das Gesäß des Kleinkindes, das der Brötchenholer vor ihnen auf den Schultern hat. Er muss in die Knie gehen, um mit Kind auf den Schultern in die Bäckerei zu kommen. In dieser Haltung verharrt er, bis das Kind gezahlt hat. Das Kind kennt keine Münzen, lässt sie dafür aber fallen. Da der Strubbelkopp vom Anfang auf der Suche nach seinem Schlüssel eh schon kniet, sammelt er die Münzen gleich mit ein.

Der Altruismus in Deutschland ist auf einem guten Weg. Der moderne Mann packt mit an. Laut neuester soziologischer Erkenntnis aus Frankreich befreit er sich damit zwar hauptsächlich von seinem schlechten Gewissen, weil zwei Gläser in die Spülmaschine stellen nur darüber hinwegtäuscht, dass die Frau weiterhin die ganze Arbeit macht.

Aber die Frau hat Rachemöglichkeiten. Beim Aufstehen, kurz nach Mittag, signalisiert sie dem Brötchenholer: »Ooch, schon wieder Brötchen? Ich hatte heut mal Bock auf Knäcke!«

Männliche Schüler

Ehrlich, das hätten wir so auch nicht vermutet: Jungs können gleich zu Hause bleiben, Chancen haben sie so gut wie keine mehr. Schule zero. Den neuen Mädchen gehört das Land, die durch Rumzicken, Kreischen und hysterisches Losgeheule bereits im zarten Alter viel besser lernen, Probleme zu verarbeiten. Jungs dagegen werden schon vor der Geschlechtsreife auf Herzkasper genormt. Weil sie immer noch nach der Devise erzogen werden: Ein Indianer kennt keinen Schmerz. Wozu der Indianer als solcher auch eher weniger beigetragen hat. Am Marterpfahl standen im Normalfall die Weißen, und Schmerz zu leiden brauchte der Indianer sowieso kaum, weil er meistens voll erwischt wurde. Von den Pfeilen feindlicher Stämme oder von den Kugeln der Yankees. So weit, so ethnisch korrekt.

Zu meiner Zeit lief das in der Schule völlig normal ab. Stellvertretend für alle Störenfriede wurde in ziemlich dichten Abständen der Klassenassi vom Klassenlehrer unter die Bank getreten (später umgekehrt). Dies erregte ungefähr so viel Aufmerksamkeit wie heute die Meldung »mehr als zwanzig Tote in Bagdad«. Lobby bei den Eltern gab es in dem Sinn auch keine, weil Klassenassis Mutter »eine Geschiedene« war. Als Ausgleich wurde die Referendarin fertiggemacht, und zwar hauptsächlich durch Mobbing im Kollegium. Neben der Referendarin gab es noch zwei Typen von Lehrerinnen: den Drachen und die alte Jungfer. Genau genommen war der Drachen auch eine alte Jungfer, aber mit Familie. So kam man bis zum Abi und studierte Deutsch auf Lehramt, der Rest ging zum Fernsehen. Diese Idylle ist vorbei! Schuld daran ist das verfluchte Testosteron. Im Württemberg der Nachkriegszeit gab es kein Testosteron, das hatten nur die Amis, und die brauchten es selber. Heute wird es vor allem in warmen Ländern quasi mit der Muttermilch eingesogen und schwappt zu uns rüber. Wegen Globalisierung. Und wo sollen zwölfjährige Testosteronbomber abladen, wenn das einzige männliche Kollegiumsmitglied noch bei der Mutter wohnt? Da hilft nur eins: keine neuen Fächer während der Pubertät (8. bis 18. Lebensjahr). Vor und nachher kann gebüffelt werden, aber in dieser wichtigen Lebensphase muss der Unterrichtsschwerpunkt eindeutig auf geschlechtsspezifische Schwerpunkte wie Schminken, Brustgröße, versaute SMS und Zuhören trotz MP3 im Ohr gelegt werden. Im Klartext: zehn Jahre Klassenfahrt!

Flat Daddy

Man muss schon ein besonders gefühlloser Brocken sein, wenn sie einem bei folgender Meldung nicht in die Augen schießen, die Tränen: Immer mehr Angehörige der US-Streitkräfte kleben sich aus lebensgroßen Fotos ihren Vati zusammen.

Als Pappkamerad, während das Original in Afghanistan oder im Irak kämpft. Weil die Pappe flach ist, heißt der Ersatzvater Flat Daddy, auf Deutsch so viel wie Flachpappi.

Überallhin wird der Flachpappi mitgenommen. Auf dem Schulweg sitzt er hinten neben den Kindern im Auto. Geht Mutti (die echte) shoppen, wartet er auf dem Beifahrersitz, und abends ist es geradezu herzzerreißend, wenn die dreijährige Tochter dem flachen Pappvater ihre Gute-Nacht-Geschichte erzählt. Der Respekt vor den kämpfenden Truppen verbietet die Frage, wann in etwa der Ersatzpappi aus den familiären Pflichten entlassen wird. Stellt ihn Mom einfach hinter die Küchentür? Kommt er in den Kofferraum? Oder wird er unters Bett geschoben? Viel Platz braucht er ja nicht, und eigentlich ist es vorstellbar, dass sich die Familie so richtig an den Flat Daddy gewöhnt. Er ist immer still (was auch viele dreidimensionale Väter sind, wenn sie von der Front nach Hause kommen, aber aus anderen Gründen), er schreckt nachts nicht schreiend aus dem Schlaf, und wenn mal ein Bein oder so an Halloween aus Versehen abgerissen wird – schnipp, schnapp –, schneiden wir mit der Schere ein neues aus und kleben's wieder dran.

Vermutlich sind die Militärpsychologen gefragt,

wenn der echte Vater wieder klingelt. Kinder können sehr brutal sein, und gerade im Vorschulalter haut man gerne mal mit der Pappfigur auf den Heimkehrer, weil man ihn für einen Schwindler hält.

Zynismus ist hier fehl am Platz. Deshalb ganz ernsthaft die Frage: Wäre der pappige Flachvater auch ein Modell für deutsche Familien? Einer, der zuhört. Der immer da ist. Berechenbar. Der nicht nur vor dem Fernseher rumhängt, schon weil er gar nicht sitzen kann. Es ist mehr als ein Kalauer, wenn wir einem Konzern, dem monatlich Hunderttausende durchs Festnetz gehen, vorschlagen: Für jede Familie, die zurückkommt, gibt's zur Flatrate auch den passenden Daddy. Lassen wir die, die für uns robuste Mandate vertreten, nicht allein. Was in den Weiten Nebraskas der Flat Daddy ist, kann am Hindukusch eine flache Mutti sein. Hilft gegen Heimweh und passt ins Handgepäck. Du bist Deutschland.

Erbschaftsteuer

Achtung! Eine wichtige Nachricht für alle, die Oma gerade wieder die Flasche mit dem Eierlikör reichen: Die Erbschaftsteuer bleibt bestehen.

Sie soll aber reformiert werden. Natürlich gerecht. Große Vermögen dürfen nicht ohne Zugriff durch den Staat in neue Hände übergehen, aber das Häuschen der kleinen Leute müsse unangetastet bleiben, sagt Kurt Beck. Bisher war nicht ganz klar, wer diese viel zitierten kleinen Leute überhaupt sind. Jetzt weiß man es: Es sind die, wo nicht wissen, dass Kurt Beck Vorsitzender der SPD ist. Und auch wenn sie selbst Mitglied der SPD sind, wählen sie trotzdem lieber Angela Merkel.

Dabei ist erben bisher schon einfacher, als viele dachten. Genau genommen gibt es nur zwei Voraussetzungen: Einer mit was auf der hohen Kante muss sterben, und danach müssen welche da sein, die es mit vollen Händen raustragen. Vorzugsweise sind das Frau und Kinder. Aber da fängt der Ärger oft schon an: Vati hat den letzten Schnaufer noch nicht getan, da klingelt's, und draußen steht Ivanka, 34, die nicht eheliche Tochter vom Campingurlaub, damals in Kroatien. Sollte die Witwe jetzt der Schlag treffen, wären Ivanka und die beiden ehelichen Kinder Wastl und Bastl zu gleichen Teilen erbberechtigt. Das Gasthaus in Altötting, die Grundstücke am Chiemsee, die zwei Parkhäuser in Leipzig und der Saunaclub in Freising – alles geht fein säuberlich durch drei. Genau wie die Familienvilla in Ibiza und die 42,26 Euro auf der Sparkasse. Erster kleiner Haken: Die Hazienda wurde schwarz bezahlt und steht nicht im Grundbuch. Und Ivanka will keine Häuser, sondern Cash. Es folgt Haken Numero zwo: kein Geld da. Im Sinne von Bargeld. Da Ivanka ungefähr 800.000 Euro zustehen, müssten die Grundstücke verramscht werden.

Vorausgesetzt, es findet sich für solche Summen überhaupt ein Käufer. Denn Asbest ist noch das Harmloseste, was ein unbestechlicher Experte im Saunaclub entdeckt hat. Ein Testament hätte hier viel Ärger erspart. Als juristisch einwandfreie Formulierung wäre etwa folgender Wortlaut denkbar gewesen: Hiermit enterbe ich alle. Der Rest wird auf Pflichtteil gesetzt. Haupterbe wird das Tierheim Potsdam.

Zum Testamentsvollstrecker ernenne ich zum Dank für glückliche Stunden Herrn Poldi Hawlicek, wohnhaft in Prag. Gezeichnet im Vollbesitz sämtlicher Kräfte, Sepp Brunnhuber.

Wohlige Schwere

Es ist an der Zeit, den Gedanken eine Wendung ins Positive zu geben. Die letzten Wochen waren für uns alle ermattend, nun aber: Neubeginn, wohin das Auge schweift.

Der 1. Advent steht unmittelbar bevor, wo eben noch Umsturz war, werden Wangen gestreichelt, Verzeihung und Miteinander sind die Gebote der Stunde.

Woher rührt es, dass solch ungewohnter Ton aus dieser Seite klingt? Sind es die ersten wahrhaft kalten Tage, die vom Verwelken und von Vergänglichkeit künden? Während wir uns doch auf die Ankunft freuen? Bereit machen und nicht Jungfrauen sein wollen, denen es am Öl in der Lampe mangelt, wenn der so heiß Erwartete naht?

Mag sein: Es liegt am Schreibgerät. Seit Menschengedenken ist es mir eine Herzensangelegenheit, solch persönliche Post mit der Feder zu erledigen. Nun, es ist nicht mehr der Kiel. Immerhin jedoch ein Füller, der schwer in der Hand ruht. Mir scheint, die Schwere ist in diesen Zeiten durchaus etwas Wünschenswertes. Sei es jene, welche manchen von uns das Herz drückt. Sei es die Schwere, welche der Dichter auf ewige Zeiten dem Weine zugeschrieben hat.

An dieser Stelle mal ganz kurz dazwischen: Mit Rilke reicht's jetzt. Wer jetzt kein Haus hat und so weiter. Überstrapaziert. Verbales Wunschkonzert. Öffentliches Zitieren nur noch in Ausnahmefällen. Der Trend zum Zweitgedicht hält an. Also ruhig schon mal fit machen.

Nicht schlecht: *Aprèslude* von Gottfried Benn. Überhaupt hat der genussfreudige Dermatologe so manchen Reim geschmiedet, bei welchem gerade den Weibsleuten ganz blümerant wird.

Ja zum Altmodischsein! Kaminfeuer an, Grog ins Glas, Lieblings-CD aufgelegt. Schmusen ist besser als Autos anzünden. Duftkerzen neben die Wanne und den Schaum in die Seele lassen. Wenn die Nüsse duften, lachen verschmierte Kindermünder. In diesem Jahr gaaaanz fest vornehmen: Den Baum rechtzeitig holen.

Heiße Schokolade für Sie und Ihn. Zu zweit an einer Tasse festhalten und Kopf an Kopf über den Weihnachtsmarkt bummeln – Glück ist keine Frage von Mehrheiten.

Schlechte Nachrichten einfach löschen. Niemand braucht in diesen Tagen die Meldung »Medikament gegen Epilepsie dämpft Lust am Sex«. Augen glänzen, Herzen pochen im Takt der Liebe – auch Telenovelas brauchen Nachhaltigkeit.

Unterhaltsrecht

Die Familie kommt nicht zur Ruhe. Kaum quellen die Krippen vor Nachwuchs über, schon stellt sich die Frage: Wer zahlt wem wie lange wie viel, falls Vati und Mutti sich scheiden lassen? Entscheidend ist hier die Rangfolge. Klingt zunächst irgendwie nach Tennis oder Grundbuch, wo ja meistens die örtliche Sparkasse ganz vorn drinsteht. Gemeint ist aber der Platz des Kindes auf der Unterhaltsrangliste. Bisher war es Platz eins, gemeinsam allerdings mit aktuellen und gewesenen Ehegatten. Meistens war das Mutti, denn in der Vor-von-der-Leyen-Zeitrechnung sorgte Vati für den Unterhalt, und Mutti las zu Hause Eva Herman.

Jetzt, im modernen Zeitalter, ist es immer häufiger so, dass Vati schwindlig wird, wenn er den Gehaltszettel seiner Frau sieht. Und das, obwohl sie nach der Geburt drei Stunden aus dem Beruf raus war! In Zukunft dürfte also der Überweisungsvorgang stark in Richtung »Frau zahlt für den Ex« tendieren. Wir hoffen, dass Frauen eine bessere Zahlungsmoral an den Tag legen als Männer. Zwei Drittel aller geschiedenen Männer drücken sich oder tricksen, wenn es um den Unterhalt geht. Nahezu täglich kann man beobachten, wie der Bentley in der Seitenstraße des Familiengerichts geparkt wird. Sodann zieht der feine Herr Ex-Gemahl sich im Kofferraum kaputte Jeans und Flip-Flops an, und schon sind nur noch drei Euro für die ehemalige Familienoase übrig, denn einen Tausender darf er ja behalten. Eng wird es künftig auch für Geschiedene ohne Kinder. Platz zwei auf dem Überweisungsauftrag soll es nur noch geben, wenn eine »Ehe von langer Dauer«

geführt wurde. Bei der katholischen Landbevölkerung sind das ungefähr 30 plus x Jahre, im Profifußball die Hinrunde. Um auf einen fairen Richtwert zu kommen, könnte die durchschnittliche Dauer der bisherigen Kanzlerehen als Maßstab herangezogen werden. Oder sieht die SPD da Widersprüche zum Koalitionsvertrag?

Überdacht werden sollte außerdem noch mal die Formel »Je häufiger der Vater Kontakt zu seinem Kind hat, desto regelmäßiger zahlt er«. Gerade häufiger Kontakt lässt bei Vati gern mal die Frage aufkommen: Computer, MP3-Player, Playstation, Festplattenrekorder, zwei Mountain-Bikes, Handy, Tischtennisplatte, Leichtmetallrennrad, Blades, Kick- und Snowboard, Wohngrill mit Heimkino … war das alles beim letzten Mal auch schon da? Seltener sehen – häufiger zahlen! Damit kann man Wahlen gewinnen.

77.000 Euro

Nun, da das Jahr sich neiget, soll die Familie noch einmal im Mittelpunkt stehen. Denn Deutschlands Krippen bleiben leer. Das wäre auch kurz vor dem Fest weiter nichts als Privatsache, hätten nicht noch viel Weisere als die aus dem Morgenland herausgefunden: Ein Kind bringt dem Staat später runde 77.000 Euro (natürlich ohne einen Herodes).

Und da ist der finanzielle Einsatz des Staates für fehlende Hortplätze, vergammelnde Schulen und gestresste Lehrer schon abgezogen! Wäre es da nicht angebracht, die Regierung täte alles, um dem vermehrungsfähigen Teil der Bevölkerung den Nachwuchs schmackhaft zu machen, im Sinn von: ans Herz legen (um nicht missverstanden zu werden)? Stattdessen sieht selbst der zeugungswillige Mann vor Knüppeln die Beine nicht mehr. Selbst wenn er die ortsüblichen Ausreden beiseitelässt (Kind zu teuer, er zu jung, Frau zu wenig passend, Beruf zu stressig): Vater Staat hätschelt eindeutig seine kinderlosen Kinder. In schnieken Penthouse-Wohnungen haben sie wohlverhüteten Sex vor Flachbildschirmen, mit wechselnden Partnern. Auf Jahre hinaus buchen sie die besten Tische in den angesagtesten Restaurants. Das Round-the-World-Ticket wird nur mit Handgepäck in der Business abgeflogen, da man sich bei jedem Zwischenstopp sowieso designermäßig neu einkleidet. Sonntags weckt einen nicht vor 13 Uhr der De-luxe-Caterer mit angeliefertem Champagner-Frühstück, und wenn nachts was quengelt, ist es die Katze unterm Stiletto.

Ja, so leben sie, die Kinderlosen, und hier war nur

von den Heterosexuellen die Rede. Wie anders dagegen das entbehrungsreiche Leben der Kinderbesitzer! Chic anziehen lohnt sich nicht, nach einer Stunde ist man eh vollgesabbert. Welcher Druck rektal auf dem Säugling liegt, merkt man, wenn's von den Designer-Armaturen tropft. Obwohl der Wickeltisch weiter entfernt steht, als sich manche kinderlosen Paare auseinander gelebt haben. Ständig wird gekauft: Bettchen, Hemdchen, Fläschchen, Schühchen, Büchlein, Kassetten, CDs, Harry Potter, Molly Moon, Leuchtschwert, MP3-Player, Handy (aber nur für den Notfall – keine Spiele!), Van, Schulranzen, cooler Schulranzen und cash auf die Kralle für nicht tätowieren. Anmerkung des Verfassers: Sämtliche Kosten wurden berechnet vor der Erfindung von Tokio Hotel!

Aber halt! Nun ist es wirklich an der Zeit, weihnachtlich Einkehr zu halten. Besinnung tut not. Sicher, 77.000 Euro in die Gemeinschaftskasse sind ein stolzer Batzen. Gerade wenn man bedenkt, wie viele Radwege im Osten noch ohne Flutlicht sind. Aber sind Kinder nicht jenseits aller materiellen Überlegungen eine große Freude (wenn sie nicht gerade so nervig drauf sind, dass selbst in Montessori-Kreisen Formulierungen wie »an die Wand klatschen« gehört wurden)? Ja, Kinder sind eine unschätzbare Bereicherung – bereichert euch!

»Beruhigt stelle ich fest, dass bei mir
von Internet-Sucht nicht die Rede sein kann.«

Technik, Konsum und Glück: Alltag

Gammelfleisch ohne Strom

Schade eigentlich. Aber das Gammel- oder Ekelfleisch ist schon wieder raus aus den Medien. Man hat ihm gewissermaßen den Saft abgedreht. Geknickte Strommasten und gekappte Leitungen haben die Aufmerksamkeit stärker beansprucht als Pute mit Schmierfilm. Liegt wohl an unserer schnelllebigen Zeit. Früher hielt sich der Wurm im Fisch monatelang, keine *Monitor*-Sendung ohne Ekelfisch. Selbst BSE brachte den Metzgerstandort Deutschland schwer ins Trudeln. Heute fragt keiner mehr, ob das eklige Gehackte vielleicht vorher schon wahnsinnig war. Drei Tage ohne Strom, und das Schwellenland BRD besinnt sich auf die Basics. Ja regt denn den Bürger nix mehr auf? Was trafen eilig herbeigeeilte Kamerateams im Münsterland? Panische Familien, verzweifelte Steuerzahler, Stromkunden in Endzeitstimmung? Fehlanzeige. Erstaunlich gelassen hatte man sich mit der Lage arrangiert. Bei Kerzenschein und kalten Büchsen herrschte direkt eine gewisse Heiterkeit.

Selbst die Wut auf die bösen Stromkonzerne war kaum wahrnehmbar. Vielleicht liegt es daran, dass viele der Meinung sind, der Strom kommt eh aus der Steckdose, ist manchmal gelb und wird irgendwie mit Turbinen im E-Werk gemacht. Und wenn die Stromrechnung immer höher wird, liegt's daran, dass Onkel Friedemann mal wieder bei laufendem Fernseher und Kaffeemaschine eingeschlafen ist.

Keine einzige Talk-Show, in der empörte Aktivisten knickfreie Strommasten oder Notstromaggregate in der Garage gefordert hätten. Verglichen mit dem, was die Bahn sich bei 30 Minuten Verspätung anhören muss, sind unsere »Versorger« direkt kuschelig davongekommen.

Während ich ein dickes Leberwurstbrot (von dem ich weiß, »woher es kommt«) kaue, überlege ich zweierlei: Warum will Bahnchef Mehdorn einen Hafen kaufen, und was kaufe ich alles nicht? Ersteres lässt sich leicht beantworten: Die Bahn hat ihre Zukunft hinter sich, immer mehr Deutsche fahren mit dem Schiff zur Arbeit. Insofern ist die Verlagerung von der Schiene ins Wasser zu begrüßen, zumal damit auch lästiges Umsteigen in Norddeich-Mole und Dagebüll entfällt. Künftig heißt Sie Ihr IC-Team auch im Watt herzlich willkommen.

Was meine Konsumverweigerung angeht, bin ich zu folgendem Schluss gekommen: Ich habe alles! Nicht nur das: Ich brauche nichts! Wer drei Wintermäntel hat und immer nur einen anzieht, der kann nur besorgt in die Zukunft des deutschen Einzelhandels schauen. Shoppen ist mir ein Graus, Einkaufsbummel die Hölle. Plopp – der Korken fährt aus der Weinflasche. Fast sentimental denke ich an den guten alten Glykolskandal. Es läutet. Der freundliche Herr vom Paketdienst bringt ein riesiges solches. Hinter meinem Rücken wird bestellt, als ob Angies Zukunft davon abhinge. Kann der Staat mich trösten, wenn die Familie enttäuscht?

Mein Ladegerät

In den vergangenen Jahren habe ich mehrere Millionen Euro für vergessene Handy-Ladegeräte ausgegeben. Hotels, Ferienhäuser, Bahn – überall lässt man die süßen kleinen Dinger liegen.

Neulich in Stuttgart war es mal wieder so weit. Samstagnachmittag im Hotel, und das Handy hat nur noch einen Balken. Das Ladegerät liegt zu Hause in Köln. Wahrscheinlich schluchzt es ganz leise, weil ich ihm nicht mal tschüss sagen konnte, so überhastet bin ich aufgebrochen.

Ich überlege, ob ich mit einem Balken übers Wochenende komme. Spart es Strom, wenn ich das Handy ganz vorsichtig aufklappe? Werden es vielleicht wieder zwei Balken, wenn ich beim Telefonieren sehr leise spreche? Es nützt alles nichts, ich brauche ein Ersatz-Ladegerät. An der Hotelrezeption hat man eine Kiste mit ungefähr zwanzig »Chargern« – da bin ich sehr stolz drauf, dass ich den englischen Begriff kenne. Ich habe ihn im Big Apple kennengelernt, wo meine Frage »Do you have a machine to fill again energy into the cell phone?« mit »A charger, Sir?« beantwortet wurde. Cool. Schwarz, rund, grau, flach, eckig – die Auswahl war groß, aber keiner passte. Also raus in die Stuttgarter City, das phantastische Konsumklima genießen. Als Erstes rein in einen befreundeten Elektronikdiscounter, ich bin ja nicht blöd.

Riesenhallo bei den Verkäufern, jede Menge Ladegeräte wurden ausprobiert, aber keines passte. Das ist nicht ganz richtig, denn es ging rein, aber leuchtete nicht. Reingehen und nicht leuchten – das ist purer

Frust. So ging es auch bei der Konkurrenz und in fünf Handy-Shops. In einem wurde ich Zeuge, wie ein Vater einen Stapel Papiere aus der Plastiktüte zog und forderte: »Sie nehmen diese beiden Verträge jetzt sofort zurück. Mein Sohn hat fünf Handy-Verträge, gestern hat er es mir gestanden, und diese beiden nehmen Sie jetzt zurück.« Die Verkäuferin bewies Nerven und blieb höflich. Sie kann nichts zurücknehmen, will aber ihren Chef informieren. Wenn nicht, will der Vater »an die Presse gehen. Ich kenne da einige Journalisten.« Nutzt nichts, Värtrack is Värtrack, war schon bei Ion Tiriac so. Von einem Neunzehnjährigen kann man erwarten, dass er kapiert, wenn er fünf Handy-Verträge abschließt. Mir aber schlugen in allen Geschäften zwei Dinge entgegen: tiefes Mitleid und fast hysterisches Gelächter. Ein Ladegerät für ein uraltes, über ein Jahr altes Handy! Wahnsinn, dürfen wir ein Foto machen? Warum kaufen Sie kein neues Handy? Am besten geht das für 490 Euro. Vor allem bei Frauen, weil es so toll aussieht.

Ich ging ohne Ladegerät ins Hotel und habe für den Rest des Wochenendes nicht mehr telefoniert. Komisch, ging auch. Ach so, und Telefonieren über den Hotelapparat ist mir zu teuer.

Noro-Virus

Versinkt Deutschland wieder in der braunen Brühe? Diesmal allerdings nicht dank Täuschung eines im Grunde kreuzbraven Volkes durch böse Bestien, sondern durch das Noro-Virus.

Gegen dieses Virus hilft keine Firewall, vielmehr wird der eigene Darmausgang in den Tagen des Befalls zu einer solchen. Denn der kleine Teufel lässt es rauschen, dass es nur so pfeift. Bald ist eine Million Deutsche infiziert, das sind fast so viele, wie eine durchschnittlich überdurchschnittliche Late-Night-Show an Zuschauern hat. Häufig nehme die Sache ihren Anfang auf Kreuzfahrtschiffen, so ist zu lesen. Dies ist leider erschreckend unpräzise. Denn ein Kreuzfahrtschiff unterscheidet mindestens drei Zonen: Passagiere, Crew und Brücke. Verbindendes Organ zwischen diesen ist die Klimaanlage. Wenn es also eines Morgens beim Outdoor-Frühstück im »Café von Moltke« heißt: »Dirk und Nico haben es jetzt auch«, kann die Tagesaufgabe nur lauten: Woher denn? Krabben? Törtchen? Tiramisu? Oder war's die Latte im Macchiato? Jede Leckerei, von der mindestens zwei genascht haben, die »es nicht haben«, fällt als Infektionsherd aus. Natürlich gibt es immer noch die Möglichkeit, sich im total ursprünglichen und superleckeren Fischrestaurant an Land was eingefangen zu haben. Allerdings haben selbst Killerviren in verbrannter Grilldorade keine Überlebensmöglichkeit, da sind sich führende Tropenmediziner einig.

Positiv lässt sich feststellen, dass so ein kollektiver Dünnpfiff mehr Solidarität schafft als jedes SPD-Programm. Mitfühlend nickt man dem Nebenmann zu, der Salzgebäck in Anstaltspackungsgröße in sich hineinschaufelt. Nahezu diskriminiert fühlen sich bald die wenigen, die »es nicht haben«. Mit krankhaft wirkender Gesundheit nippen sie am Katzentischchen an ihren verdauungsfördernden Fruchtsäften. Einige sollen sogar dabei beobachtet worden sein, wie sie bei großer Hitze zwei Tage alte Sahne aus der Schüssel gelöffelt haben, um sich wieder in die Gemeinschaft einzugliedern mit einem fröhlichen »Ich hab's jetzt auch«.

Das beste Mittel gegen spritzende Stühle sind weiße Beinkleider. Sie zwingen ihren Träger zu perfekter Logistik (Wo, bitte, ist das nächste Klo?) sowie akrobatischem Körpereinsatz über dem Flachspüler (um braune Pünktchen auf den Gesäßtaschen zu vermeiden). Außerdem signalisieren sie meisterhafte Kontrolle des Schließmuskels. Wer Weiß trägt, kann notfalls auch kneifen, wenn das nächste »Herren« mehr als zehn Meter entfernt liegt.

Alkoholwarnung

Verheugen, hilf! Ausgerechnet die EU wollte uns den Spaß am Trinken verderben durch Aufkleber wie »Alkohol kann Ihre Leber zerstören«. Kann. Muss nicht.

Und damit sind wir auch schon mittendrin im Glas, das für uns trinkende Optimisten natürlich immer halb voll ist. Nicht so voll wie die Reporterlegende, die den Wodka »bis zehn aus dem Senfglas, ab zehn aus dem Senfgurkenglas« trinkt, aber voll genug für Genuss und Lebensfreude. Denn das sind neben »mal ein schönes Glas Wein am Abend« die beiden wichtigsten Verteidigungsmodule der Gewohnheitstrinker. Wo doch der Alkohol bei uns Bestandteil der Kultur ist. Römer und so. Und wo doch jeder weiß, wie lebensfroh die Olivenölvölker steinalt werden. Hat nicht jeder einen wunderbaren italienischen Fischer im Portfolio, der auf einem wackligen Holzstuhl die Netze flickt, Zigarettchen an der Lippe kleben und auf dem schrägen Tischchen ein Glas Rotwein?

Und was ist mit den Iren, die gar nicht so viel saufen können, wie sie Literaturnobelpreise eingeheimst haben? Gut, dieses Jahr ging er in die Türkei, wo man zum Alkohol ein eher ambivalentes Verhältnis hat. Aber alle anderen Beitrittsländer und Kandidaten und so haben sich doch in die EU eher reingesoffen. Auch heute meint man im ehemaligen Ostblock mit Selbstgebranntem eher selten die CD.

Aber hier soll nicht beschönigt werden. Alkohol ist toxisch, und den Namen Paracelsus sparen wir uns für die Leitartikel. Sicherstes Zeichen für den ahnungslos Abhängigen sind die erstklassigen Leberwerte. Wobei die Größenordnung »wie ein Konfirmand« von eher wenig Kontakt zur Jugend zeugt. Dazu demnächst mehr unter der Überschrift Alcopops. Leberwerte – das bestätigen vor allem die Kampftrinker unter den Ärzten – besagen nichts über den Zustand von Magen, Darm, Bauchspeicheldrüse und Speiseröhre. Von der weichen Birne ganz zu schweigen. Und dann noch diese gesellschaftliche Toleranz!

Im Gegensatz zum eher rüden Umgang mit dem Junkie werden Kabinettsmitglieder, die »nach der zweiten Flasche Riesling das Wort Stopp aus ihrem Sprachcomputer löschen«, als Männer von echtem Schrot und noch mehr Korn gefeiert. Können wir es uns angesichts des demographischen Faktors noch leisten, die vielen Alkoholtoten einfach runterzuspülen? Oder gilt auch in der Politik, was für Olympiasieger in Feierlaune angesagt wird: Schädelfluten bis zur Komagrenze!?

Online-Durchsuchung

Man muss einmal das sanfte Lächeln auf dem Gesicht eines Experten gesehen haben, wenn Laien treuherzig versichern, sie hätten auf ihrem Computer »wirklich alles gelöscht. Zweimal.«

Klick, klick, schwupp, schwupp – schon ist alles wieder da. Zum Beispiel die sorgfältige Buchführung über die schwarzen Kassen. Deshalb trägt die Steuerfahndung um sieben Uhr morgens ja auch den PC als Erstes aus dem Haus. Ist übrigens erlaubt. Denn der Beschuldigte kann ja im Bademantel daneben stehen und sich um Kopf und Kragen reden.

Nicht erlaubt ist das Anbringen von kleinen Holzpferdchen auf der Fensteraußenbank, sogenannten Trojanern. In ihnen sind Teleskope versteckt, mit denen Top-Spione beobachten können, was der Staatsbürger so alles in die Tastatur hackt. Und schon ist der nächste Terrorangriff verhindert. Weil »Karlsruhe« diese zeitgemäße Form der Hausdurchsuchung – virtuell, steril und ohne Viren auf der Gästetoilette – noch verbietet, arbeitet die Bundesregierung jetzt mit DSL-Geschwindigkeit an einem Gesetz, welches sie erlaubt.

Dabei könnte man durch konzentriertes Zuhören, beispielsweise auf den Sitzreihen vor einem Flughafengate, mehr erfahren, als selbst dem BKA lieb ist. Gefühlte 90 Prozent der Wartenden schreien alles ins Handy, was man nie wissen wollte. Inklusive Passwort fürs Online-Banking, weil man selbst momentan leider gerade keinen Zugriff habe, aber die Solarenergie nicht verpassen wolle. Werden wir also bald bitter dafür büßen müssen, dass wir die Mail mit dem Inhalt

»Sexinferno« geöffnet haben, obwohl uns der Absender »magic tongue« unbekannt ist? Wird eine Wanze mit eingeschleust, wenn wir neun Monate nach Rosenmontag den Anhang des Instituts für Rechtsmedizin öffnen? Hier wird es notwendig, eine Verbindung vom Laptop zur Atombombe herzustellen. Nicht zwecks Fernzündung, sondern aus moralischer Bedenkenträgerschaft. Ja Herrschaftszeiten, muss denn alles gemacht werden, was technisch möglich ist? So. Jetzt haben wir uns aufgeregt, jetzt fragen wir uns mal kurz, wie das bisher mit dem Datenschutz aussah. Schon mal bei Olympischen Spielen eingecheckt? Eine WM-Karte gekauft? Kürzlich mal in die USA geflogen? Was genau will man, bitte, noch erfahren, was nicht schon tausendfach beim Füllen eines Backenzahns angegeben werden musste? Und entsteht der eigentliche Kitzel beim Versenden schweinischer Mails während der Arbeitszeit nicht dadurch, dass die Schlampen am Empfang sie erst lesen und dann in den Verteiler aufnehmen? Antworten!

Leser-Reporter

Die Erfindung des Fotohandys darf zu den großen Gewinnern des menschlichen Zusammenlebens gerechnet werden.

Vor allem der Prominente verliert jetzt nicht mehr wertvolle Lebenszeit durch die aufwändige Zusammenarbeit mit Berufsfotografen. Er lässt seinen Lebenslauf einfach lückenlos durch Menschen dokumentieren, denen er zufällig auf Raststätten oder hinter Glascontainern begegnet.

Wünschenswert wäre in diesen heißen Tagen eine Untersuchung, ob es einen Zusammenhang zwischen sozialer Schicht und digitaler Ausrüstung gibt. Mein persönlicher Eindruck: je proll, desto digi. Wem das weiße Fleisch aus den Tanktops quillt oder wer die Zahnbeläge aus der Zeit vor der Wende herüberretten konnte, hat meistens Handy und Digicam dabei: Vor allem der Zustand deutscher Gebisse lässt sich jetzt leicht überprüfen.

Denn nach erfolgtem Abschuss legt häufig ein seliges Lächeln, verbunden mit den Worten »Ich hab ihn«, kariösen Lochfraß an den Schneidezähnen sowie zurückweichendes Zahnfleisch frei. Für mich gehört es deshalb zum Respekt vor dem Nächsten, nicht einfach achtlos vorbeizugehen, sondern zu mahnen: »Fotografier nicht so viel, putz dir lieber mal die Zähne.« Ohne mich loben zu wollen: Das ständige Fotografiertwerden hat mich kommunikativer gemacht.

Frauen mit Meckifrisur und weißen Piratenhosen, die hinter einem Supermarktregal plötzlich ihr Fotohandy in Anschlag bringen, werden von mir nicht mehr einfach ignoriert. Ihnen schenke ich meinen erfolgreichsten Flirteinstieg: »Verpiss dich, Mutti.« Besonders prickelnd gestaltet sich die Kontaktaufnahme auf der Autobahn, wo schon mal Familienkombis auf der Überholspur konstant meine Geschwindigkeit halten, damit ich vom Beifahrersitz aus während des Fahrens fotografiert werden kann. Ich winke dann zurück und teste die Fähigkeit des abgelenkten Fahrers, auf einen spontan rüberziehenden Lkw zu reagieren. Selbst falls es brenzlig würde, hätten die Überholer es ja auf dem Handy.

Man sollte unsere Tageszeitungen ausdrücklich ermutigen, solche Fotos im Falle einer Übermittlung durch ihre Leser kräftig zu honorieren. Es sind kleine Momentaufnahmen eines liebenswerten Alltags, dem sich die professionellen Beobachter oft entfremdet haben. Frei nach Goethe: Stirb und knipse!

Schreibender Leser

Nach den fotografierenden Leser-Reportern kommen jetzt die schreibenden. Immer mehr Tageszeitungen lassen die wegsterbende Leserschaft gleich selbst zu Wort kommen, vermutlich in der Annahme, da könnte nochmal ein Abo rüberwachsen.

Natürlich können die Leser nicht schreiben, aber dafür sind sie schwer mit Aussage befrachtet, und mit Moral. So was liest man gern, vor allem weil Lesergeschichten immer positiv ausgehen. Und falls mal nicht (Achtung, Schicksal!), ist das Fazit zumindest: In jedem von uns steckt ein kleiner Hiob. Meine Lieblingsgeschichten kombinieren immer das große Lebensschicksal mit dem kleinen alltäglichen Missgeschick. Motto: Als ich um sieben Uhr zur Gehirntransplantation bestellt war, fiel mir beim Rausgehen die Tür ins Schloss mit Schlüssel noch drin. Von da an ist es nur ein kleiner Rutsch rein ins Philosophische: War das ein Fingerzeig? Sollte sich diese Tür für mich und für immer geschlossen haben. Brauchte ich den Schlüssel gar nicht mehr, weil ich mit dem neuen Gehirn automatisch zur Wohnung des Vorbesitzers geleitet würde? Falls nicht die Uniklinik in Abschnitt eins der Geschichte lauert, ist es gern auch ein rätselhafter Fremder. In der S-Bahn oder der »letzten Straßenbahn«, die man »um Haaresbreite verpasst hätte«, denn es »war spät geworden«. Ungefähr 150 Zeilen später entpuppt sich der finstere Geselle nicht als der erhoffte/befürchtete sexuelle Belästiger, sondern als ein herzenswarmer Migrant, der einsamen Alten im Heim aus der Zeitung vorliest. Also: Vorurteile nochmal überdenken und dann so rasch wie möglich abbauen.

Geübtere Leser-Autoren, die auch schon für die Online-Ausgabe der Kirchenzeitung eifrig bloggen, bedürfen des realistischen Einstiegs nicht mehr, in dem etwa Kater Mohrle die Mehlschüssel über sich gekippt hat und fortan nur noch »Schneewittchen« gerufen wurde. Sie schreiben nachdenklich bis provokativ (»Süßer die Kassen nie klingeln«). Da kann uns dann schon mal ein Artikel aus unserer fetten westlichen Selbstzufriedenheit reißen, der mit der Kommerzialisierung des Weihnachtsfestes ins Gericht geht. Hart natürlich. Oder davor warnt, die Vorsätze fürs neue Jahr wieder nur in der Theorie erstarren zu lassen. Diese Artikel enden fast immer mit Warnungen vor dem Zerfall von Demokratie, Familie oder Werten. Grundwerten. Unumstößlichen. Dass dies im neuen Jahr besser wird, dazu sind wir alle aufgerufen. Denn so spricht eine Greenpeace-Beauftragte: »Der Kabeljau steht mit dem Rücken zur Wand.«

www.onlinesucht.de

»Danke fürs Lesen. Ich kann nicht mehr.« So enden nicht wenige Bekenntnisse auf www.onlinesucht.de.

Da ist man natürlich leicht geschockt und fragt sich: Ist es bei mir auch schon so weit? Hänge ich privat auch schon mehr als 35 Stunden pro Woche vor dem Computer? Zunächst hilft ein Check, in welche der drei Hauptkategorien man fallen könnte. Chat-Sucht fällt bei mir flach, weil ich nicht weiß, wie's geht. Was man so hört (on- und offline), sind es vor allem Frauen zwischen 30 und 45, die übers Chatten einen Partner suchen. Da könnte man sich natürlich mal reinschleichen, aber wie gesagt, ich kenn mich nicht aus, und nachher verabredet man sich noch mit einer Kannibalin und sitzt gemeinsam bei Johannes.

Auffallend, dass auf der Sucht-Seite ein ganz normales Gespräch bereits als Offline-Gespräch bezeichnet wird. Online-Spielsucht fällt bei mir ebenfalls wegen technischen Unvermögens flach. Ich wette offline und kassiere die Mitarbeiter direkt ab (aktuelle Top-Wetten: ManU gewinnt die Champions League, und der 1. FC Köln verpasst um einen Punkt den Aufstieg).

Fasziniert höre ich allerdings von den Möglichkeiten, dass man über spezielle Satelliten eine Sekunde vor dem normalen Fernsehbild auf Empfang sein kann und so noch schnell wettet, ob bei einem Fußballspiel in der 4. Liga in Kirgisien als Nächstes ein Einwurf oder Freistoß gegeben wird.

Online-Sexsucht. Ganz klar. On, off – ständig wird der Schalter umgelegt. Nur leider weiß ich auch hier nicht, wie man die wirklich scharfen Sachen findet.

Also bin ich auf eine ebenso preisgünstige wie familientaugliche Variante gestoßen: Ich geil mich an den ganz normalen Arsch- und Tittenfotos auf, von denen es auf allen Homepages nur so wimmelt. Egal ob es um UV-Strahlung, Kultur in Afrika oder Krebsvorsorge geht – die prallen Möpse hüpfen fast auf die Tastatur. Selbst Diabetes bei Jugendlichen wird bildlich mit einem strammen Arsch im Tanga unterfüttert, Unterzeile »... so eine Traumfigur hat nicht jeder ...« oder irgendwas in der Richtung.

Beruhigt stelle ich fest, dass bei mir von Internet-Sucht nicht die Rede sein kann. Wenn ich alle fünf Minuten Neuigkeiten unter meinem Namen *google*, ist es kein psychischer Defekt, sondern einfach Verantwortungsgefühl für den Fernsehstandort Deutschland. Hier empfinde ich die Namen *Horst Schmidt* und *Harald Stenger* vom DFB teilweise als leicht störend, weil sie mir manchmal bei Eingabe von *Harald Schmidt* die vorderen Seiten verhageln. Muss grade mal schaun, ob über diesen Text schon was im Netz steht.

Winterreifen

Mit dem Paragraphen 2 Absatz 3 a der Straßenverkehrsordnung haben wir uns in letzter Zeit eher selten beschäftigt. Ein Fehler, wie sich jetzt zeigt, denn in seiner Neuregelung legt er fest, wie Autofahrer ihre Fahrzeuge für den Winter präparieren müssen.

Fazit: Wer rutscht, ist fällig! Dabei ist es nicht so, dass Vater Staat jeden von der Straße schießt, der ohne Winterreifen erwischt wird. Vielmehr ist es in die Eigenverantwortung des Bürgers gestellt, wie er das Abrutschen vermeidet. Was sozial richtig ist, kann an der Steigung nicht falsch sein. Eine allgemeine Winterreifenpflicht gibt es nicht. Zum Glück. Denn wer hätte das gedacht: In Deutschland sind Winterreifen knapp. Was man so aus dem Umfeld des Vulkanisierhandwerks hört, seien zwar 1,5 Millionen Reifen mehr produziert worden als sonst, aber es könnte trotzdem eng werden. Im Sinn von rutschig. Nur drei Reifen pro Kunden? Keine Reifen mehr für Fahrer ab 50? Vier Reifen pro Haushalt, egal, ob es sich um eine 90-Jährige ohne Führerschein handelt oder um ein kinderloses Ehepaar mit sechs Autos?

Gelegenheit, eines der wichtigsten Worte des aktuellen Sprechs zu benutzen: zeitnah. Der Kfz-Nutzer sollte zeitnah seine Winterreifen ordern. Am besten gestern. Entschleunigung (eine weitere In-Vokabel) wäre hier fehl am Platz. Sicher, wenn alle bestens für den Winter gerüstet sind, geht wieder ein Stück Charme verloren. Lässigkeit (Top-Wort) und Entspanntheit (ohne diesen Begriff kein aktuelles Schauspielerinnenporträt). Wer hat nicht schon ein junges, frisch verliebtes Außer-Atem-Pärchen erlebt, das sich mit seinem alten Fiesta oder so in einer Freitags-Rush-Hour quer gestellt hätte, irgendwo zwischen Wuppertal und Bochum?

Die Reifen Modell »Gladioli« drehen durch, es pfeift und jault, und durch die zugefrorenen Scheiben signalisieren die beiden: »Sorry, wir sind zu verknallt, um an Winterreifen zu denken.« Da schlagen dann die Leistungsträger in ihren SUVs entnervt auf die Hupe, und wenn sie auf ihren 4-Millimeter-Profilen im Schritttempo an den Liebenden vorbeizuckeln, denken sie neidisch: Scheißkarre, aber die Alte ist geil!

Man kann nicht alles haben, und auch ein zeitnah geführtes Informationsgespräch mit der Initiative pro Winterreifen kann nachhaltige Glücksgefühle auslösen. Aber bei sieben Grad Celsius haben nur Winterreifen die Gummimischung, die Vati wieder sicher in den Schoß der Familie bringt. Und wer durch unkontrolliertes Rutschen sich und andere gefährdet, kassiert auch mal einen Punkt in Flensburg. Morgen gehen wir zum Händler.

Ratten-Alarm

Kann Ministerpräsident Peter Harry Carstensen noch ruhig schlafen? Selbst wenn, spätestens beim Frühstück dürfte es mit der Beschaulichkeit vorbei sein, denn dann liest er auf den Titelseiten der regionalen Presse die ganze schreckliche Wahrheit: Ratten-Alarm in Schleswig-Holstein! Auf jeden Hans Hansen und Jens Jensen kommen vermutlich mehr als fünf Nager. Und zwar nicht nur in der Dämmerung rund um die Kieler Förde, nein, immer häufiger werden Fußgänger von Ratten aus den Einkaufszonen gemobbt. Wer jetzt leichtfertig sagt: Was geht mich die Nagerplage im deutschen Norden an, dem schiebt sich vielleicht folgende Zahl wie eine düster mahnende Wolke vor die Frühlingssonne – insgesamt leben und arbeiten in Deutschland geschätzte 300 Millionen Ratten. Verglichen damit nehmen sich die 500 Millionen Menschen in der EU geradezu lächerlich aus. Vor allem – und nun wird es interessant für Frau Ministerin von der Leyen – wenn man bedenkt, dass jedes Rattenpärchen pro Jahr bis zu 600 Nachkommen zeugen kann. Wissenschaftlich formuliert: Ratten vermehren sich wie die Fliegen, ohne Krippen, ohne Elterngeld, ohne Tagesrattenmütter. Bei Ratten grassiert kein Relativismus, Ratten sind der Zukunft zugewandt. Ob Döner, Pommes, Currywurst – die Ratten stürzen sich mit einer Begeisterung auf multikulturelle Nahrungsreste, welche an die Grünen in ihren Anfangsjahren erinnert. Was der Mensch in seiner Arroganz in die gelben Säcke wirft – schmatz, die Ratte putzt es weg!

Zeit also umzudenken. Gebt den Ratten das Kommando. Noch sind sie vielleicht bereit, uns eine privilegierte Partnerschaft zu gewähren. In Forschung und Wissenschaft sind wir bereits von ihnen abhängig, Stichwort Labor. Warum sollte im Verhältnis zu den vermeintlichen Schädlingen nicht gelingen, was in der Politik so vorbildlich gelang: Wandel durch Annäherung?

Woher kommt die Abneigung gegen diese intelligenten, anpassungsfähigen Tiere? Bei aller Begeisterung für die »Sendung mit der Maus« – wäre es in Zeiten der Globalisierung nicht überlegenswert, die schlaue, aber doch etwas putzige Partnerin des Elefanten durch die international agierende Ratte zu ersetzen? Das moderne, weltoffene Deutschland sollte in der Lage sein, den Ratten in Politik und Gesellschaft, vor allem aber in den Medien, den Platz einzuräumen, der ihnen längst gebührt. Was wäre das für ein großartiges Land im Herzen der Völkergemeinschaft, dem es gelänge, die Gefühle für einen einzigen Eisbären auf 300 Millionen Ratten zu übertragen.

PS: Auch Patenschaften durch Kabinettsmitglieder wären sinnvoll, denn in Zeiten der Klimakatastrophe haben Ratten irgendwie das dickere Fell.

Glück

Das hätte man so auch nicht vermutet: Die Deutschen sind überwiegend glücklich!

Die kleinen Freuden des Alltags sind es, welche unsere Landsleute happy und psychisch ausbalanciert durchs zehn Grad warme Schmuddelwetterleben schreiten lassen. Wichtig dabei: ständig neue Herausforderungen. Natürlich schafft es Behaglichkeit, wenn einen nach der Zeitarbeit Mutti im vertrauten Wohlfühlhängerchen erwartet und auf dem Tisch das Lieblingsessen langsam kalt wird.

Aber auf dem Weg dahin kann ein kleiner Auffahrunfall längst verschüttet geglaubte Botenstoffe im Gehirn freisetzen. Denn – aktuellster Stand der Hirnforschung – egal, ob gute oder schlechte Nachrichten: Hauptsache, irgendwas Überraschendes passiert, und schon wird der Glücksbringer Dopamin eimerweise ausgeschüttet.

Gut zu beobachten war dies bei der Berlinale, wo prinzipiell alles zu Glückstaumeln führte, was über den roten Teppich geschoben wurde, Hauptsache, es war irgendwie schwanger oder amerikanisch.

Zusätzlich verdanken wir dem Soziologen und Zukunftsforscher Matthias Horx die Erkenntnis, dass die Bevölkerung des südpazifischen Inselstaats Vanuatu vor Glück kaum laufen kann, weshalb sie sich gern mal am Bungee-Seil in die Tiefe stürzt und anschließend ein Schwein verschenkt. Das ist allerdings nicht schwer, denn bei durchschnittlich 24 Grad hätte selbst Friedrich Merz vielleicht nochmal seinen Rückzug überdacht.

Was aber ist das alles gegen die neueste Meldung aus Karlsruhe: heimliche Vaterschaftstests auch weiterhin nicht erlaubt! Endlich kann der zweifelnde Zeuger wieder durchschlafen. Schluss mit dem büschelweise Ausreißen von Deckhaar oder Speichelabpumpen beim schlafenden Engelchen. Auch bleiben alle Finger dran, weil Vati künftig nicht mehr Gefahr läuft, einen abgebissen zu kriegen, wenn er schnell einen Kaugummi aus dem kindlichen Schlund fischen will. Für die Mütter entsteht das größte Glücksgefühl sicher, wenn sie wissen: Wer genau es war, weiß ich nicht. Aber auf keinen Fall war's Prinz Frederic von Anhalt.

»Für uns moderne, metrosexuelle Männer war die Vereinbarkeit von Frau und Beruf noch nie ein Problem.«

Praktikum, Prostata und Action Party: Gesellschaft

Dies ist der Bereich, zu dem sich allerlei über die Jahre angehäufte Weisheiten zündend verbraten lassen.

Ob Vergreisung oder Jugendwahn, Zweitwohnung in Berlin oder Simmel und die zerhackten Schreibmaschinen – hauptsächlich geht es um wirkungsvoll eingesetzte Aphorismen und Zitate, die dem Leser ein wohliges »Donnerwetter, welch Belesenheit« entlocken.

Derzeit ist mein Lieblingszitat »Jeder ist an allem selbst schuld« von Thomas Bernhard.

Natürlich ist es nicht ganz richtig, aber sehr komfortabel. Es erspart einem allzu tiefes Eintauchen in fremde Schicksale, die man ja häufig genug unaufgefordert erzählt bekommt.

Weiterhin ermöglicht es das blitzartige Einordnen in die Kategorien »änderbarer Zustand« oder »unvermeidlicher Schicksalsschlag«.

Das meiste fällt unter Ersteres, kann zügig in Angriff genommen werden und muss einen nicht länger belasten.

Davor war lange Zeit mein Favorit »Dumm sein und Arbeit haben – das ist das Glück« von Gottfried Benn. Vor Zuschauern gesprochen, löst es immer noch ein tiefes Raunen aus. Es ist nahezu die Grenze dessen, was ein deutsches Kabarettpublikum an Zynismus verkraften kann. Die Strahlkraft von Benn lässt allerdings mit zunehmendem Alter nach, vermutlich ist er doch eher ein Autor fürs Depresseln in jüngeren Jahren.

Erfrischend, solche schnellen Urteile! Aber was

Hänschen nicht lernt, lernt Hans nimmermehr. Es ist unbedingt notwendig, in Texten wie diesem ganz schlichte Weisheiten einzustreuen, denn zu gescheit sein wollen, das geht ja nun gar nicht. Auch ist es manchmal hilfreich, keinen präzisen Satz zu wissen. Sprechend aber den Duktus eines bestimmten Autors übernehmen zu können.

Brecht zum Beispiel. Mein Bert hatte zu allem eine endgültige Weisheit parat, die er bei Bedarf irgendwie chinesisch klingen ließ. Man sollte sich bei ihm heute eher in der poetischen Kiste bedienen (»So scheint die Liebe Liebenden ein Halt«), über das sozialkritische Angebot (Überfall auf und Gründung einer Bank und so …) ist die Zeit doch hinweggegangen.

Es sind keinesfalls mehr als zehn Sätze nötig, um gut durchs Leben zu kommen.

Von Julien Green gibt es die abschließende Beschreibung des Wunsches nach Wohneigentum (»Das Spießbürgertum pharaonisiert sich«). Etwas geärgert hat mich das Zitat von Ernst Jünger: »Ein Gott braucht keine Ironie.«

Da hat er leider völlig recht, und ich habe mich in meiner Selbsteinschätzung etwas gekränkt gefühlt.

Aber kurz darauf las ich etwas von Oscar Wilde, und das könnte für längere Zeit tragen: »Die Jugend ist verschwendet an die jungen Leute.«

Rechtsberatung

Da gehen wir bis nach Karlsruhe! So einen Fall habe ich noch nie verloren! Zeit, dass es zu diesem Thema mal ein Präzedenzurteil gibt!

Wer solche Sätze gern hört, muss dafür künftig nicht mehr zum Rechtsanwalt. Bundesjustizministerin Brigitte Zypries hat angekündigt: Einfache Rechtsauskünfte dürfen künftig alle erteilen. Schön. Nur, bitte: Was soll daran neu sein? Und wieso muss das erst von der Ministerin befohlen werden? Wer sich jemals in einer urigen Kneipe der Mitternacht entgegengesoffen oder beim sonntäglichen Kaffeeklatsch nach dem zweiten Likörchen die Ohren gespitzt hat, der weiß auch ohne Ministerin: Deutschland ist voll von ehrenamtlichen Justizexperten. Vor allem in den Fachbereichen Familien-, Versicherungs- und Baurecht, da muss sich der Bundesverfassungshof oder wie das Dingens in Karlsruhe heißt, warm anziehen. Grundsätzlich weiß zum Beispiel jeder: Kinder dürfen nicht in den Knast. Fein raus ist also, wer kurz vor der verschleppten Insolvenz seine Klitsche dem Sohn in der Hauptschule überschreibt, weil der ja dann auch noch zusätzlich zehn Jahre keine Steuern zahlen muss. Weiß fast jede Wirtin, während sie das siebte Pils rüberschiebt. Beratung in Erbschaftsfragen durch die Bank? Ein Traum! Vor allem Produkte aus dem eigenen Haus bieten einen derart geschmeidigen Übergang, dass man den freundlichen Bankangestellten gern zum Haupterben macht, bevor die eigenen Kinder das sauer Ersparte sinnlos verpulvern.

Atomkraftwerk im Garten? Hubschrauberlandeplatz auf dem Wintergarten? Versenkbares Thermalschwimmbad im Treppenhaus? Alles kein Problem, wenn man das Zauberwörtchen »Eigenbedarf« kennt. Damit kriegt man alles durch. Schließlich hat doch Walter aus dem Tennisclub – genau, der den Schadenersatz wegen Prostata laufen hat – sein 6-Familien-Haus leer gekriegt, weil die Tochter angeblich Ruhe beim Studieren braucht. Allerdings soll nicht verschwiegen werden: Für die allererste Kontaktaufnahme mit der Gegenseite ist die wichtigste Figur unseres Justizlebens hilfreich – der »befreundete Anwalt«.

Dieses mit allen Wassern gewaschene Schlitzohr lässt erst mal just for fun einen Brief vom Stapel, den es in den Varianten »gepfeffert«, »hat sich gewaschen« und »fast schon unverschämt« gibt. Faustregel: je dünner die Erfolgschancen, desto länger der Brief. Selbst wenn der Beklagte die Traute haben sollte, da noch gegenzuhalten – schon beim Briefkopf wissen die Gerichte: Hier schreibt die letzte Instanz persönlich. Außer natürlich, das Ding geht blöderweise schief. Aber vor Gericht und auf hoher See … In dem Fall kenn ich 'nen guten Anwalt …

Augenbrennen (mit Tränenentwicklung), Schleimhautschwellung, Auswurf, Husten, Kurzatmigkeit, Kopfschmerzen, Schwindelanfälle und Schlafstörungen.

Natürlich können dies auch ganz normale Auswirkungen einer durchschnittlichen Ehe sein. Aber jetzt ist es amtlich: Dies sind nur einige der Symptome, welche durch Passivrauchen auftreten können. Kein Wunder also, dass Wissenschaftler ebenso nachdrücklich wie simpel eine »Bundesgesetzgebung für komplett rauchfreie Arbeitsplätze unter Einbeziehung der Gastronomie und aller öffentlichen Einrichtungen sowie der Verkehrsbetriebe« fordern.

Medizinisch sicher unbedingt wünschenswert, aber ästhetisch wird ein solches Gesetz die Republik verändern. Denken wir nur an Helmut Schmidt. Selten sah man den Altkanzler spöttischer dreinblicken, als wenn er wieder mal in einer Talk-Show mit den Gefahren des Rauchens belästigt wurde. Unnachahmlich die Grandezza, mit der er sich dabei eine neue Zigarette aus der Packung fischte und hernach den Rauch in seine Lungen sog. Auf diesen Bewegungsablauf von internationaler Klasse sollen wir künftig verzichten? Sind wir denn nur noch ein Volk von dumpfen Fitnessaposteln, das sich in Stadien die ungeteerten Lungen aus dem Leib schreit?

Man denke sich doch bloß mal in diesen Tagen auf den Fotos von Brecht und Benn Zigarre und Zigarette weg. Schlechte Zeiten für Lyrik, so ohne Fluppe. Bloß noch Ledermantel und gezeichnetes Ich. Nichts dokumentiert die verheerende Wirkung des Nichtrauchertums in der Literatur besser als der Zustand unserer aktuellen Bestsellerlisten. Geradezu apokalyptisch sind die Aussichten an unseren Krankenhäusern, wo man voller Stolz Silbermedaillen für das »rauchfreie Krankenhaus« verteilt. Dabei weiß jeder: Ein Spitzenklinikum qualmt hinten und vorn. Hinten pumpt sich alles, was grüne Häubchen trägt, die Filterlosen ins bronchiale Geäst. Und vor der Klinik quarzt der längsgestreifte Bademantel, die freie Hand am fahrbaren Tropf. Mit jedem Lungenzug signalisiert er: Dank Trümmerbruch auf dem Heimweg von der Spielothek wieder mal drei Wochen unbeschwerte Geselligkeit im Empfangsbereich!

Vielleicht sollte man in Zeiten des hemmungslos praktizierten Kaiserschnitts auch mal fragen dürfen: Wird der Säugling nicht durch sanften Nikotingeruch auf den Geburtshelferfingerspitzen fast homöopathisch durch den Geburtskanal gelockt? Kurzum: Den adipösen Teenie an der Bushaltestelle, das sprachlose Ehepaar beim Hotelfrühstück, den schleimgesättigten Hausmeister auf dem Schulhof – all diese rauchenden Ikonen des untergehenden Sozialstaats sollten wir genießen, solange es sie noch gibt. In vollen Zügen.

No-Go-Area

Auch wenn die Koalition daran zerbrechen sollte: Erklärt die Bundesregierung die Düsseldorfer Kö und die Maximilianstraße in München bald zur No-Go-Area für Hartz-IV-Empfänger?

Und werden wir den Clip mit Peter Hartz aus dem Französischen Dom zu Berlin (»Dies ist ein schöner Tag für die Arbeitslosen in Deutschland«) bald so häufig sehen wie den mit Netzer, damals, Pokalfinale – selber eingewechselt und gleich ein Tor geschossen?

Dies sind nur zwei Fragen, die wir uns als Sofakartoffel (freiwillige Deutschformulierungsverpflichtung!) stellen. Beim Blick aus dem Fenster ist weiterhin dies die letzte Warnung an alle Klimaexperten. Wir wollen sofort, endgültig und verbindlich wissen: Schmelzen die Polkappen ab – oder erfrieren wir schon während der Vorrunde in unseren VIP-Logen? Diese Menschheit, die beste, die wir je hatten, hat es nicht verdient, weiterhin mit irritierenden Auskünften bezüglich einer bevorstehenden Klimakatastrophe verunsichert zu werden. Wir sind bereit, auch in Bezug auf das Wetter schmerzhafte Einschnitte hinzunehmen, aber wir wollen die Wahrheit wissen: Verschwitzt oder erfroren – in welchem Zustand werden wir uns von diesem Planeten verabschieden?

Wobei vermutlich alles wieder halb so wild ist. Wenn wirklich ein Anstieg der Durchschnittstemperatur droht, wie, bitte, sind dann die zurückliegenden Brückentage einzuordnen? Saukalt und Pisswetter! Wenn so die zunehmende Erderwärmung aussieht, dürfen's gern auch ein paar Grad mehr sein. Wenn Petrus derart schlechte Laune hat, ist Deutschland insgesamt eine No-Go-Area. Höchstens mal zum Public Viewing vors Haus. Wie haben wir das eigentlich früher ausgedrückt, bevor uns die englische Sprache geholfen hat? Und hatte früher auch schon alles einen Hintergrund? Heute wird bei allem gemeldet, dass es »keinen rassistischen Hintergrund« hatte. Außer natürlich, es hatte einen.

Medial gesehen, hat der rassistische Hintergrund fast ein bisschen den Migrationshintergrund in den Hintergrund gedrängt. Migrationshintergrund hieß früher Gastarbeiter. Sagt man aber heute nicht mehr. Weil einerseits die Welt zu Gast ... und andererseits der Gast ja wieder geht. Aber Menschen mit Migrationshintergrund integriert werden. Des einfachen Überblicks wegen wünschen wir uns in unseren Nachrichtensendungen die Rubrik »Und nun zu den Meldungen ohne rassistischen Hintergrund«. Schädel eingeschlagen, in die Luft gesprengt oder niedergestochen – wenigstens ohne rassistischen Hintergrund. Wieder ein finsteres Tal durchschritten.

Vorbild Singapur

Viel zu selten wird in unseren Talk-Shows von der PAP gesprochen. Dabei könnte die Regierungspartei unseres Nachbarlands Singapur gerade für unsere ehemaligen Volksparteien Vorbildcharakter genießen. Schon der volle Name klingt nach Zukunft. PAP steht für People's Action Party. Gibt es in einem aussterbenden Schwellenland wie unserem drei Begriffe, die mehr nach Fun, Hully-Gully und supi drauf für alle klingen als People, Action und Party? Siehste!

Was bei uns mühselig in Debatten, Kompromissen und Sondierungsgesprächen zusammengenagelt werden muss und hinterher auch keinen vom Hocker reißt, kann in Singapur auf sehr kurzem Dienstweg entschieden werden. Wichtigster Vorteil: Die PAP befindet sich quasi in Familienbesitz. Es sind die Lees, die dem schnurrenden Tigerstaat an der Straße von Malakka seit mehr als vierzig Jahren einen Impuls nach dem anderen geben. Vater Lee hat den Staat gegründet, sein Sohn ist heute Ministerpräsident, Mutter Lee leitet eine riesige Staatsholding, und der andere Sohn ist örtlicher Chef der Telekom. Wer braucht da noch Vätermonate? Als Verehrer von Franz Josef Strauß muss es uns erlaubt sein, hier eine Träne zu verdrücken. In früheren Zeiten hatte Bayern alle Chancen, ein schneesicheres Singapur zu werden.

Parteien im Familienbesitz, Sohn Konzernchef, Tochter Ministerin … man darf nicht dran denken, was aus dem Bundesland mit der kürzesten Entfernung zu Indien hätte werden können, wenn spätere »Politiker« nicht jeden neumodischen Quatsch mitgemacht hätten. Mehr als alles andere aber steht ein Produkt für den Unterschied zwischen Singapur und Deutschland: die Erdnuss! Hunderttausende Touristen reisen jährlich in den Stadtstaat, nur um mal Schalen auf den Boden zu werfen (in der Bar des »Raffles«, draußen kann es »teuer« werden). Hierzulande ist das fast ausschließlich Menschen mit Migrationshintergrund vorbehalten, die über genügend archaische Strukturen verfügen, um sich dem aufdringlichen Zugriff des Staatsapparats entziehen zu können.

Da wir gerade bei Berlin sind – es ist geradezu beschämend, dass ein Ort Hauptstadt sein kann, dessen Flughafen erst gebaut werden soll und dessen nächster Hafen Hamburg heißt.

Fast Geh-Abstand dagegen zwischen beiden Knotenpunkten im Inselstaat. Praktische Kommunalpolitik statt beloochen und betroochen werden wie bei uns. Auch das ist Singapur. Diejenigen staatlichen Wohnblocks, in denen die meisten Stimmen für die PAP abgegeben werden, lässt Vater Staat als Erste renovieren. Ein schönes, sichtbares Zeichen für die Zufriedenheit der Wähler mit ihrer Regierung.

In Zeiten, in denen hierzulande der Staat in die Familien hineinregiert, sehnen sich auch immer mehr Deutsche nach einer Familie, die Verantwortung für den Staat übernimmt (persönlicher Eindruck des Verf.). Saubere Straßen, übersichtliche Presselandschaft – fangt endlich damit an!

Gesundheitsreform

Viele Bürger sind verunsichert. Was bedeutet die Reform des Gesundheitswesens für mich persönlich? Bekomme ich auch in Zukunft meine Papiertaschentücher durch einen Limousinenservice frei Haus geliefert, oder muss ich mich nach alter Väter Sitte wieder in den Ärmel schnäuzen? Gut, dass im Folgenden die wichtigsten Pläne der Bundesregierung übersichtlich dargestellt werden.

1. Das Fondsmodell. Jeder, bei dem irgendwie Kohle reinkommt, liefert monatlich 30 Prozent seines Nettoinkassos ab. Dafür erhalten die Krankenkassen pauschal zehn Euro pro Versicherten. Wird der Kranke billiger, erhält er Fußballsammelbildchen. Kommt er teurer als die zehn Euro, sollte er sich mal ernsthaft fragen, wie lange er in Zeiten der Globalisierung noch der Solidargemeinschaft zur Last fallen will.

2. Der Gesundheitssoli. Total süße Umschreibung für Steuererhöhung. Bringt Geld in die Kassen, stört aber nicht die WM-Euphorie. Finanziert werden soll damit die Krankenversicherung für Kinder bis zum 49. Lebensjahr und ab 35 Kilo Übergewicht. Neu: Dieser Soli gilt in Ost und West. Fördert das Zusammenwachsen in den Köpfen.

3. Die Strukturreform. Die SPD will das Monopol der Kassenärztlichen Vereinigung beim Aushandeln der Ärztehonorare abschaffen. Der künftige Delegationsleiter Kurt Beck gilt als Erfinder des schlicht-genialen Prinzips »waschen, föhnen, legen«: Wie beim Friseur soll eine Tafel im Fenster einen fairen Preisvergleich ermöglichen. Zusätzlich sollen ein Gläschen

Prosecco und das Verteilen von »Pröbchen« den Arztbesuch reizvoll machen, unabhängig von der medizinischen Notwendigkeit. »Der moderne Arzt muss weg vom Mediziner-Image«, heißt es überraschend einmütig dazu aus dem Umfeld von Ulla Schmidt und Volker Kauder. In diesem Zusammenhang soll auch verhindert werden, dass künftig einer mehr als vier Apotheken besitzt. Sondereinsatzkommandos übernehmen die Zerschlagung von Apothekenketten wie TABLEDDL oder DROGI, in denen bisher Hypochonder von der Hautcreme bis zum Protonenpumpenhemmer um Zuteilung betteln mussten. Dafür mehr Wettbewerb: Gibt's beim Kauf von zehn Flaschen Sonnenmilch in Apotheke A einen Betablocker gratis, bietet der Konkurrent aus Apotheke B beim schnellen Blutdruckmessen ausschließlich Top-Werte an. Das freut auch die EU-Kommission.

4. Die Privatpatienten. Asoziale Bonzen, die sich im Souterrain ihrer Villen auf Kosten der Allgemeinheit Privatkliniken eingerichtet haben. Bei Operationen vergisst der Chefarzt persönlich die Schere im Bauch. Damit ist jetzt Schluss. Zwangseinweisung in 8-Bett-Zimmer mit Klaus-Staeck-Tapeten. Auf dem uralten Röhrengerät nur ARD und ZDF (grisselig). Katheter wird vom Zivi gelegt. Gute Besserung!

Vorsorgender Sozialstaat

Es darf vermutet werden, dass das neue Grundsatzprogramm der SPD einen großen Zuwachs an Mitgliedern bescheren wird. Während alle anderen Parteien immer nur Geld vom Bürger wollen, hat sich die Partei des arbeitenden Volkes dem »vorsorgenden Sozialstaat« verschrieben. Das klingt gut. Vorsorge klingt irgendwie nach rechtzeitig gemerkt und von der Kasse bezahlt. Für uns Männer klingt Vorsorge auch nach Prostata. Nach PSA. Bitte nicht verwechseln mit BSE. Kleiner Exkurs: BSE ist doch jetzt geheilt, oder? Man liest gar nichts mehr. Tatar zum Frühstück ist also wieder okay, ja?

Stellen wir uns also vor, dass der vorsorgende Sozialstaat uns zunächst ein bisschen unangenehm ist, so wie der Gang zum Urologen. Mit Hose runter und Finger und so. Aber wo der Bürger den ausgestreckten Finger fürchtet, ist es Aufgabe der Politik, für Vaseline zu sorgen.

Allerdings ist gerade der PSA-Wert in seiner Bedeutung nicht unumstritten. Kürzlich hörten wir in einer Talk-Show von Frau Dr. Marianne Koch, dass der PSA-Wert nicht nur bei bösartigen Wucherungen stark erhöht ist, sondern auch nach intensivem Radlfahrn. Entscheidend sei nicht allein die Höhe, sondern der Grad des Anstiegs in einer bestimmten Zeit. Das klingt jetzt wieder irgendwie nach Mehrwertsteuer, die ja auch demnächst ansteigt. Vorsorglich. Zumindest der deutsche Mann kann also einigermaßen rundumversorgt in die Zukunft schauen, denn nicht nur Kurt Beck kümmert sich um ihn, sondern auch Ursula von der Leyen. Stichwort: Männermonate. Wenn wir es richtig verstanden haben, bekommen es Männer demnächst bezahlt, wenn sie sich pro Jahr ungefähr zwei Monate bei der Familie blicken lassen. Supi. Ideal wäre so Juli/August. Schön warm, und es sind eh Ferien. Während der Bundesliga-Saison wäre nicht so günstig. Wer geblitzt wird, gibt den Führerschein ja auch nicht ab, wenn das Geschäft so richtig brummt.

Die Männermonate ermöglichen den Frauen, Familie und Beruf ideal zu kombinieren. Überhaupt verbinden gerade junge Frauen Muttersein und das moderne Informationszeitalter geradezu vorbildlich (z. B. iPod an den Gürtel stecken, wenn sie im Keller Bier holen gehen). Da hat sich seit dem Abdanken der Machos Schröder und Fischer viel ins Positive gewendet. Bleibt abzuwarten, wie lange es die Alphatiere Merkel und Münte zulassen, dass Beck und von der Leyen vor allem junge Menschen geradezu magnetisch anziehen. Vor allem Beck hat einen neuen, ins Theologische gewendeten Ton gefunden, wenn er feststellt, dass Nachdenken über Sozialabgaben und Steuern »keine Todsünde« sei. Hier betritt der Pfälzer nahezu vorpolitischen Raum, das klingt nach Reinigung für die Basis. Ein kleiner Hinweis sei erlaubt für den geselligen Teil des nächsten Parteitags: Hundertpro als Todsünden gelten Wollust und Völlerei: Sorry.

Dicke Deutsche

Je fetter, desto DAX? Gibt es einen Zusammenhang zwischen dem immer neuere Jahreshöchststände erklimmenden Index und den Deutschen, die derzeit die fettesten Europäer sind?

Der Dax für Dicke heißt Body-Mass-Index. Idealerweise liegt er zwischen 19 und 25, 22 wäre ideal. Sie können also ruhig hundertdreißig Kilo wiegen, vorausgesetzt, Sie sind knapp über zwei Meter vierzig groß. Etwas komplizierter ist die Lage, wenn Sie einen Meter dreiundfünfzig groß sind, aber stolz hundertzwölf Kilo auf die Waage bringen. Dann liegt ihr Body-Mass-Index bei eher 48 (Gewicht in Kilogramm dividiert durch Körpergröße in Metern im Quadrat). Und da könnte Horst Seehofer leicht böse werden. Der Bundesverbraucherminister will per Befehl von oben nämlich den Dicken an den Kragen. Aber er kommt natürlich nicht ran. Denn Dicke haben keinen Hals, wo man sie packen könnte.

Aber warum lässt man uns fette Deutsche mit unseren Plautzen, Mehrfachkinnen und durchgeschwitzten Hemden über der Hose nicht einfach in Ruhe? Natürlich, das Geld. Dicke sind ständig im Krankenhaus und kaum zu bezahlen. Zu wenig Bewegung. Würden sie ja, aber das Knie ist kaputt. Weil der Körper zu schwer ist von zu wenig Bewegung. Hier beißt sich die Katze nicht in den Schwanz, sondern der Dicke in den Burger. Weil er das Genießen nicht verlernt hat.

Mal ehrlich: In den Talk-Shows gehen einem doch die ausgemergelten Ernährungsapostel (vor allem Bestsellerautor, Arzt und Dauergast Stefan Frädrich sieht um den Kopf rum häufig aus wie eine Erdnuss auf Entzug) weit mehr auf den Schokokeks als die adipösen Stoßatmer, die fast liegend ihr Glücksgefühl beim Vertilgen eines Jumbobechers Popcorn samt Eis und hinterher Nachos mit Salsa XXL (»um den süßen Geschmack rauszukriegen«) schildern. Dicksein erhöht die Lebensqualität. Selbst Ärzte geben zu: Wer nicht in die Röhre passt, bei dem wird auch nichts festgestellt, was beunruhigen könnte. Kann ich mal den Ketchup?

Praktikanten

Schon wieder eine neue Generation: Diesmal die »Generation Praktikum«, kurz und hipp und SPD; Generation P.

Weil sich die Praktikanten jetzt europaweit gegen Ausbeutung wehren wollen, hat die SPD im Bundestag zur Konferenz »Generation Praktikum« eingeladen.

Laut Bundesagentur für Arbeit gibt es in Deutschland über 900.000 Praktikanten in den Betrieben. Die Durchschnittsentlohnung beträgt zwischen null Euro und Flaschenpfand kannste behalten. Das ist ungerecht, denn wer jemals einen Praktikanten beschäftigt hat, merkt schnell: Im Schnitt ersetzt das kleine Streberlein drei feste Mitarbeiter mit Pensionsanspruch. Es befindet sich irgendwie mitten im Studium und hat meistens das Gefühl, »irgendwo mal was anderes machen zu wollen«.

Die jüngere Variante davon ist der Schülerpraktikant. Ein Schülerpraktikum erhält, wer entweder der Sohn vom Hauseigentümer ist oder die Tochter, deren Papi noch eine Gefälligkeit von jemandem zu erwarten hat. Schülerpraktikanten sind meistens voll in der Pubertät und deshalb ästhetisch gewöhnungsbedürftig. Sie stehen in den ersten drei (von drei) Wochen im Weg. Dies tun sie allerdings meistens dicht hinter dem zugewiesenen Mitarbeiter, der sie »ein bisschen an die Hand nehmen soll«. Wenn der Schülerpraktikant nicht ganz doof ist, merkt er ziemlich schnell, dass sein »Ausbilder« auch bei Schneckentempo zur Mittagspause mit seinem Tagespensum fertig ist. Genau das schreibt der Praktikant dann in seinen Abschlussbericht. Meistens aus Rache dafür, dass er vom Ausbilder barsch aufgefordert wurde, »mal die Schränke auszuwischen«. Nach etwa einer Woche hat der Schülerpraktikant erste Verbesserungsvorschläge. Zum Beispiel: »Was macht eigentlich die Assistentin von der Uschi?« Oder: »Eigentlich ist es unwirtschaftlich, dass zwei Leute einen ganzen Nachmittag wegen Druckerpatronen in die Stadt gehen.« Das führt zur Verärgerung bei den festen Mitarbeitern, es fallen gegenüber dem Praktikanten Ausdrücke, wie man sie selbst im Management von Bayer Leverkusen nur selten hört. Ganz anders verhält es sich mit Menschen, die beim Chill-out verkünden: »Ich mach grad ein Praktikum in einer Werbeagentur« (siehe auch: Plattenfirma, Eventagentur, Fernsehproduktion). Diese Leute waren vorher schon Designer im Reißverschlussdepartment bei Joop, Hauptdarsteller in »Verbotene Liebe« oder Hostess beim Bambi.

Bei so viel Bandbreite ist man schnell mal Mitte dreißig und bleibt es auch. Gefühlsmäßig. Nächste Stationen auf diesem Berufsweg sind dann »Producer bei einem Film, bei dem alle erst mal umsonst gearbeitet haben. Wegen des geilen Drehbuchs«. Oder Scriptdoctor bei einer Kochshow. Danach wird's aber Zeit, ein bisschen zu verspießern mit festem Job und so. Bis 67 ist nämlich noch lang.

Unaufgeregt

Die Russenkälte bringt es an den Tag: Erschreckend leichtsinnig gehen die Deutschen mit der Klimakatastrophe um. Kaum sinkt das Thermometer auf unmenschliche fünf Grad minus, sind zahlreiche Kamerateams unterwegs, um das bedenkenloseste Volk der Erde nach seinen Eindrücken von »dieser Kälte« zu befragen.

Aber was hört man? »Toll, is ja Winter.« Oder: »Och, da mümmel ich mich schön warm ein und geh raus. Die Luft ist doch herrlich.« Ist den Deutschen mittlerweile alles wurscht? Liegt es an der »unaufgeregten, angenehm nüchternen Art«, mit der das Kabinett Merkel dieses Land regiert? Denn mindestens genauso schnell wie das Klima hat sich die veröffentlichte Meinung zur Bundeskanzlerin gewandelt. Ist es die gelbe, braune oder blaue Tonne, in die die Politkommentatoren jetzt ihre Angie-Expertisen von vor der Wahl kloppen können?

Natürlich hat Rot-Grün total versagt. Darin sind sich jetzt wirklich alle einig. 68 hat endgültig abgewirtschaftet, jetzt kommt die Generation Sigmar, die von Pop bis Umwelt alles drauf hat. Und zwar unaufgeregt, der derzeit amtliche mentale Zustand. Wenn die neuen Großfamilien (3-Kinderplus) in den Wald gehen, kann der ruhig aussehen wie der Bart von Platzeck. Wir bleiben unaufgeregt. Zu lange hat man uns ideologisch aufgeladen den Weltuntergang versprochen, aber Robben, Wald und Flüsse sind noch immer da. Wer muss vor den Untersuchungsausschuss?

Denn da ist einerseits die Gletscherlüge. Ständig werden wir mit Fotos belästigt, die irgendein dreckiges Eis zeigen, dessen Zunge »um 1900« dreimal so lang war wie heute. Gut so. Gletscher ist nur was für Neureiche, die im August Ski fahren wollen. Ab zum Nordpol mit den Schmarotzern. Doch halt! Der schmilzt ja ab. Riesig! Die frei werdenden Wassermassen ermöglichen künftig den direkten Blick aufs Meer, wo heute noch Umgehungsstraßen sind. Das kommt vom Treibhauseffekt. Wir sagen ganz unaufgeregt danke, denn künftig sitzt man auch in Hessen oder Bayern gemütlich im Garten und hat die Füße in 30 Zentimeter hohem Meerwasser von traumhaften 27 Grad. Pech für die Seychellen und ihren Tourismus. Aber weniger fliegen ist eh besser fürs Ozonloch. Wird das jetzt eigentlich größer oder kleiner?

Weniger Deutsche

Selbst wenn jede Minute Dutzende Migranten – auch ohne Hintergrund – kämen: Den drastischen Bevölkerungsrückgang in Deutschland könnten sie nicht mehr stoppen.

Nun wollen wir hier nicht mit den hinlänglich bekannten Zahlen langweilen (auf jede 17-Jährige jede Menge 80-Jährige und so), sondern ganz positiv fragen: Wo bitte liegt das Problem, wenn sich eines der beliebtesten Völker der Erde (auch im Ausland) langsam zurückzieht? Sind wir etwa besser als die Fische im Ozean, für die es in exakt vierzig Jahren (ab vorgestern) heißt: Und tschüss!? Egal ob sportlich, musikalisch oder historisch: Die Deutschen haben in vergangenen Epochen ihr Soll übererfüllt. Jetzt sollen mal die anderen ran. Wofür werden Deutsche in Zukunft (Pole abgeschmolzen, Böden rissig, Inseln weg) überhaupt noch gebraucht? Beleuchten wir einmal die drei Kerngebiete Sex, Sport und Entertainment.

Niemand kann ernsthaft behaupten, die Deutschen würden sexuell vermisst. In einer immer älter werdenden Single-Gesellschaft wird der Frauenüberschuss auch künftig dorthin reisen, wo er schon jetzt multipel verwöhnt wird: Afrika und Karibik. Die paar alten Männer, die es dann noch gibt, können ja in Deutschland »Scheibenwischer« gucken.

Til Schweiger und Michael Ballack, die einzigen Deutschen, die es in Erotikumfragen regelmäßig auf die vorderen Plätze schaffen, sind dann hoch in den Neunzigern und genießen ruhigere Augenblicke.

Noch entspannter ist die Lage im Sport. In der Bundesliga stören Deutsche schon seit längerem den modernen One-touch-Fußball ausländischer Virtuosen. Und wer im Seniorenstift 2050 von der Nationalelf träumen will, kann ja die DVD von Sönke Wortmann einlegen. Das würdelose Spektakel, dass ein deutsches Nachwuchstalent den achtzigjährigen Roger Federer an den Rand einer Niederlage bringt, bleibt uns hoffentlich erspart. Noch besser sieht es im Entertainment aus. Stones, Madonna, Timberlake – besonders deutsch wirkten die nie. Und verrückt nach amerikanischen Serien sind die wenigen verbliebenen Deutschen nach wie vor. Einzige Ausnahme: »Tatort« und »Lindenstraße«. Hier zahlt es sich aus, dass die Darsteller schon immer alterslos wirkten. Einziges Zugeständnis an den demographischen Wandel: Ab 2030 gibt es im »Tatort« keinerlei kriminalistische Handlungen mehr. Einziges Thema sind dann die Streitereien zwischen Kommissar und Assistent im Pflegeheim.

Fazit: Die Deutschen können zu ihrem Verschwinden nur beglückwünscht werden. Wenn nicht mal wieder alles kaputtgeredet wird.

Unsere Familienministerin

Als alter Sack hat man es in der CDU/CSU derzeit vermutlich auch nicht leicht. Einerseits muss man der Frau daheim erklären, dass es sich beim Horst wirklich um einen wahnsinnigen Einzelfall handelt. Leider, leider, während man selbst auf gar keinen Fall.

Nur ganz am Rande: Wieso sind es bei Politikern eigentlich immer »blitzgescheite Juristinnen« oder »erfolgreiche Journalistinnen«, während wir Show-Berufler ausnahmslos von Schlampen und Ludern in unserer Naivität missbraucht werden?

Und andererseits räumt Frau von der Leyen in den Medien ab, dass dem gemeinen Hinterbänkler das sechste Pils nicht mehr schmeckt. Fünfhunderttausend Krippen müssen bereitgestellt werden. Ganz Deutschland ein einziges Oberammergau. Nun hat die Ministerin eine Glaubwürdigkeit (Basisdeutsch: street credibility) wie allenfalls noch Franz Beckenbauer: Sieben Kinder und Frau Doktor – das ist wie Weltmeister als Trainer und Spieler. Die Frau weiß, wovon sie redet. Für uns moderne, metrosexuelle Männer war die Vereinbarkeit von Frau und Beruf allerdings noch nie ein Problem. In Zeiten von Pilates kann man den Weg vom Kreißsaal direkt zurück ins Business als Teil der Rückbildungsgymnastik begreifen. Die unabhängige Frau von heute wäre gekränkt, dürfte sie nicht hurtig wieder fuffzehn Mille brutto für die gemeinsame Haushaltskasse beisteuern.

Fast ist es überflüssig zu erwähnen, dass wir Männer gleichzeitig unseren Teil der Kinderbetreuung übernehmen. Während wir mit der linken Hand durchs Vormittagsprogramm zappen und rechts per Mausklick Milliarden um den Erdball jagen, beobachten wir aus dem Augenwinkel, wie der Zweijährige in der Küche Schublade auf/Schublade zu spielt. Nicht einmischen, sonst werden die Chakren verstopft! Gegen elf bringen wir Tasso dann zu Oksana, der sibirischen Tagesmutter. Mit ihren 21 Jahren kann sie ihm Welten eröffnen, für die seine spätgebärende Mutter vielleicht doch zu verkopft ist. Warum nicht mit der Partnerin darüber sprechen, wenn sie gegen 22 Uhr nach einem spannenden Arbeitstag ein bekömmliches Mahl zaubert?

Kommunikation ist entscheidend in einer Beziehung, in der beide gleichberechtigt ihren Beitrag leisten: Sie erledigt auf dem Rückweg aus der Nato-Chefetage noch rasch den Einkauf im Biosupermarkt, er bestellt den Wein im Web. Das ist eine gewaltige Umstellung für viele, die noch dem traditionellen Eheverständnis verhaftet sind: Sie alleinerziehend im Wahlkreis, er in Berlin auf der Piste.

Es ist Aufgabe des Parlaments, solche Lebensentwürfe nicht zu diskriminieren. Frauen, die zu Hause bleiben wollen, dürfen nicht stigmatisiert werden. Schließlich hat auch Joanne K. Rowling im Café geschrieben. Aber ein »Harry Potter« sollte schon dabei rauskommen, wenn traditionelle Mütter weiterhin bis 14 Uhr im Bademantel frühstücken wollen.

»Habt ihr schon gehört, was die Amis mit dem Cruise gemacht haben?«

Idomeneo, RAF und Zuckertitten: Kultur und Medien

Der Bühnentechniker

Mein Freund, Förderer und Entdecker Claus Peymann hat Christian Klar eine Ausbildung zum Bühnentechniker angeboten, wenn dieser aus der Haft entlassen wird. Eigentlich eine noble Sache. Aber ist sie auch gut fürs Berliner Ensemble (BE) und damit fürs deutsche Theater? Denn dass es sich bei Claus Peymann und dem BE um zentrale Institutionen des deutschen Welttheaters handelt, steht außer Zweifel. Ein so prominenter Kollege wie Christian Klar hätte natürlich öffentliche Auswirkungen, die weit übers Kulissenschieben hinausgingen. Der eh schon gewaltige Besucheransturm am BE könnte ins Unermessliche gesteigert werden, weil der Abonnent »mal in ein Stück möchte, wo dieser Terrorist umbaut«.

Und würden die Stücke nicht plötzlich völlig anders bewertet? »Die Räuber«, »Maria Stuart«, »Dantons Tod« – nur ein Ignorant oder Wahnsinniger könnte hier keinen hochbrisanten Zusammenhang erkennen. Es müsste mit dem Teufel zugehen, ließe sich nicht im Anschluss an die Aufführungen eine Diskussionsrunde mit dem Publikum bilden. Thema: »Schiller und Büchner – Wegbereiter der RAF?«

Natürlich sind am Theater, wo die großen Leidenschaften noch ein Zuhause haben, Eifersüchteleien nicht weit. Sollte Christian Klar etwa als Praktikant noch in die Produktion »Wallenstein« mit einsteigen – welcher Name stünde dann auf dem Plakat ganz oben? Klar? Stein? Brandauer? Oder doch Schiller? Starke Persönlichkeiten mit überwältigenden Egos, da kann es leicht mal explodieren. Was im kreativen Bereich natürlich immer wünschenswert ist. In Spitzentheatern ist die Bühnentechnik absolut gleichwertig mit dem künstlerischen Personal. Da müsste der Quereinsteiger Klar erst mal Mäuschen machen, wenn die alten Haudegen in der Kantine von den Inszenierungen mit der Weigel, dem Zadek oder Heiner Müller erzählen. Sicher, die RAF war nicht das BE, aber zu erzählen gäbe es auch genug. Aber ist ein Anekdötchen aus dem Fluchtwagen gleichberechtigt mit der Geschichte von der versoffenen Regielegende, die auf der Probe brüllte: »Spiel weiter, du Arschloch, sag deinen Text«, und der Schauspieler antwortete: »Wieso, das Stück ist aus.«?

Es zählt zu den großen Momenten auf unseren Bühnen, wenn Claus Peymann vor den Vorhang tritt, um etwa die plötzliche Erkrankung eines Schauspielers bekannt zu geben. Man kann nur hoffen, dass genügend Berliner Prominenz unten sitzt, falls es mal heißt: »Wegen Erkrankung von Christian Klar baut heute Fritze Schufterle mit um. War nie bei der RAF, hat aber noch bei Brecht gelernt.« Da darf man ein Tränchen verdrücken.

Premiere Champions League

Wahnsinn! Irre! Der Hammer! Georg Kofler, Chef von Deutschlands bestem Bezahlfernsehsender Premiere, hat wieder zugeschlagen: Für eine Summe, von der Oskar Lafontaine drei Legislaturperioden lang nonstop im Privatjet fliegen könnte, hat er die Rechte an den Spielen der Champions League gekauft. Motto: Bayern gegen Geld, Schalke für lau. Dem Verfasser liegen exklusive Details des mehrseitigen Vertrags vor. Sonst darf keiner reinschauen, erboste Kritiker sprechen bereits von »öffentlich-rechtlichen Zuständen«. Premiere zeigt alle Spiele der CL (Insiderkürzel) für die, wo Premiere ham, also zahlen.

Weiterhin verpflichtet sich Koflers börsennotierter Sender, 13 (in Worten: dreizehn) Top-Spiele frei und für lau im Free-TV zu zeigen, also bisher auf den Plätzen 1 bis 4 auf Ihrer Fernbedienung. Im Gegenzug verpflichtet sich die UEFA, den Kickern Beine zu machen, damit überhaupt 13 Top-Begegnungen zustande kommen. Finanzexperten der Sender, welche in den vergangenen Jahren bereits das Glück hatten, die CL übertragen zu dürfen, sind sich nach durchaus nicht schmerzfreien Erfahrungen einig: Champions League gut, wenn Bayern gut. Wenn Bayern früh raus, dann finster. Allerdings gab es auch Jahre, in denen der FC Bayern die CL gewann und der übertragende Sender trotzdem 50 Millionen Miese gemacht haben soll. Sagt man. Heißt es. Fachausdruck: Refinanzierung, entspricht der Gegenfinanzierung sämtlicher 86 demnächst anfallenden Steuerreformen.

Dem FC Bayern winkt deshalb ein Superdeal: Er hat

sich schriftlich verpflichtet, in den kommenden drei Jahren die Champions League zu gewinnen. Dafür erhält der Club eine Summe, bei der »Eichel und Kirchhof gleichzeitig bewusstlos würden«, heißt es an der Säbener Straße. Sollten die Bayern in der ersten Runde ausscheiden, müssen die Spieler am Wochenende Premiere-Abos in Gegenden verkaufen, die »Stoiber persönlich beschimpft hat«, so ein Insider.

Fehlt noch: ein Sender, der die 13 Gratisspiele ausstrahlt. Den muss Premiere kaufen oder aufbauen. SAT.1? Wurde gerade verkauft. RTL? Immer noch Marktführer und nach wie vor eine Geldmaschine. ZDF? Siehe ARD. ARD? Steht nicht unbedingt zum Verkauf, wäre aber an werbefreien Zonen wie Fußball durchaus interessiert. Bedauert zudem, den UEFA-Cup leichtfertig abgegeben zu haben und jetzt ohne adäquaten Ersatz dazustehen.

Wahrscheinlichste Lösung: 9Live, formerly known as Frauensender. Wurde zwar auch verkauft, blieb aber irgendwie in der Familie. Als Moderator kommt nur Jürgen in Frage (»Bitte, Roy, schieß ein Tor, sonst dreh isch dursch!«). Oder der DSF, mit Kommentaren vom Phrasenschweinischen Quartett. Könnte aber zu teuer werden, denn der Kauf der Bundesliga steht ja noch bevor.

Harry Walker

Mutet er sich nicht ein bisschen viel zu? Schon wieder ein neuer Job für den jüngsten Altkanzler, diesmal als Mietredner bei der renommierten Agentur Harry Walker. Nein, Namenswitze sind an dieser Stelle verpönt, egal, wer kommt, wenn der Tag geht.

Wer auf die Homepage *www.harrywalker.com* klickt, wird feststellen: Es sind nur die Besten, die hier gebucht werden können. Ob ehemaliger Präsident, amtierender Rockstar oder früherer Astronaut, hier werden Leistungsträger zu Festrednern, die uns bei aller Nachdenklichkeit stramm optimistisch in die Zukunft schicken. Fest steht: Der Englischkurs für Gerhard Schröder hat sich jetzt schon bezahlt gemacht. Von Honoraren bis zu 250.000 US-Dollar wird gemunkelt. Wobei das vielleicht ein bisschen voreilig ist, denn zwischen William J. Clinton, Dr. Kissinger, Bono und dem früheren Kanzler könnte es international doch einige Abstufungen geben, was die Abendgage betrifft. Ganz wie beim Fernsehen, wo es ja penunzenmäßig auch einen Unterschied macht, ob einer der Bulle von Tölz ist oder die Braut wider Willen.

Übrigens – einziger Deutscher im Katalog von Harry Walker ist, wenn wir richtig geguckt haben, bisher Helmut Schmidt, Weltwirtschaftsexperte und Herausgeber der ZEIT, Lives in Germany and travels frequently to the United States. Da ist es zu begrüßen, wenn deutsche Fragen (Wie groß wird der Aufschwung? Was macht Frau Osthoff?) künftig auch international auf breitere Füße gestellt werden.

Bedeutet der neue Job für den Chancellor of Germany (1998–2005) nun viel Arbeit? Eher nicht. Natürlich ist der Vergleich respektlos, aber umso richtiger: Es ist wie im Kabarett! Wer lange genug dabei ist, hat drei oder vier Glanznummern drauf (sogenannte Knaller oder Abräumer), die immer funktionieren. Egal, ob Zelt, Halle oder Trauerfeier. Je nach Marktwert tingelt man bei Parkplatzeinweihungen, Möbelhauseröffnungen oder der Weihnachtsfeier des Weltmarktdritten im Bereich »Kunststofftannen«. Dabei werden dreißig Minuten aus Abräumern zusammengestellt und durch eilige Zwischenmoderationen notdürftig auf den aktuellen Anlass hingebogen. Häufig genügt schon die Erwähnung des Firmennamens, um selbst abgebrühtesten Radikalsanierern einen feuchten Schimmer auf die Augen zu zaubern.

Egal, welches Honorar bei solchen Anlässen gezahlt wird: Es ist in jedem Fall zu viel. Kein Grund allerdings, als Vortragender nicht zügig in diesen Markt zu streben.

Für Neulinge gilt: sich am Anfang im package verdealen. Wer im Vorprogramm von Bono auftritt, muss den Abend nicht allein schultern, und wenn man es geschickt anstellt, ist man schnell selber der Top-Act, der vielleicht einen ehemaligen Disney-Boss im Honorar überflügelt. Some guys get all the luck.

Passionsmusik

In diesen Tagen ist wieder viel Gezirpe und Gefiedel in feuchten Gemäuern und kalten Gewölben. Bei den zahlreichen Passionskonzerten ist der meditativ gestimmte Laie gern bereit, für authentisch zu halten, was in den Ohren der Fachleute bloß schlecht informiert oder schlicht falsch gespielt ist.

Allerdings kann das Sitzen auf harten, kalten Kirchenbänken zu grundsätzlichen Fragen führen, wenn die Gedanken während eines dreistündigen Konzerts so langsam wegdriften. Zum Beispiel: Warum habe ich das Plakat an der Kirchentür nicht etwas genauer gelesen? Unter Matthäus-Passion stand doch klar und deutlich: von Heinrich Schütz. Und der hat einige Jährchen vor J. S. Bach gelebt und klingt auch dementsprechend. A cappella ist weiterhin Fachsprache für nix Orchester. Steht auch drunter, hätte man wissen können. Natürlich hat Heinrich Schütz großartige Musik komponiert, aber für jemanden, dessen Ohren an Andrew Lloyd Webber geschult wurden, klingt sie doch eher spröde.

Ganz anders als die von Joseph Haydn. Harmonisch, eingängig, und beim plötzlichen Erklingen im Autoradio immer gut für die schnelle Wette: Haydn oder Mozart? Genau wie übrigens Händel oder Bach, Brahms oder Schumann, Bruckner oder Mahler. Für Anfänger empfiehlt sich die Variante Strawinsky oder Monteverdi?

Wir freuen uns also über die neue CD des französischen Chores Accentus mit der Akademie für Alte Musik Berlin unter der Leitung von Laurence Equilbey,

Haydns »Die sieben letzten Worte unseres Erlösers am Kreuze«. Zum einen, weil Haydn Glück gehabt hat und nicht den Machern der »Bibel in gerechter Sprache« in die Hände fiel. Wer das Vaterunser um Übersetzungen bereichert wie »Erlass uns unsere Schulden, wie auch wir denen vergeben, die uns etwas schuldig sind«, der hält den Herrn vielleicht für die Weltbank und Bono für ihren Stellvertreter auf Erden. Andererseits wäre aus den sieben letzten Worten vielleicht ein gar zu simpel gerechtes »und tschüss!« geworden, und da hätte sich selbst ein Haydn mit der Vertonung schwergetan.

Für Interessierte sei angemerkt, dass es sich bei Laurence Equilbey um eine sehr attraktive Frau handelt, was selbst manche Chorsängerin überraschte, die im Internet über den Stress bei den Proben zum Brahms'schen Requiem jammerte, bis sie auf die tolle Einspielung von diesem Laurence Equilbey stieß und von einem Mitsänger darauf hingewiesen werden musste, dass es sich um eine Frau mit sehr gut aussehender Schwester handelt, die als Mezzosopranistin tätig ist. Demnächst schreibe ich an dieser Stelle, wie zwei Senioren wirken, die auf einem Parkplatz vor meiner Kühlerhaube in den Sonnenuntergang starren und nicht wissen, dass in meinem CD-Player »Komm, süßer Tod« von der Equilbey-Platte »Transcriptions« läuft.

Angie und Kate

Angela Merkel und Kate Moss – für beide sind die vergangenen Tage eher suboptimal gelaufen. Die eine hat sich ein schlechtes Wahlergebnis reingezogen, die andere Koks. Jetzt stehen die Ikonen der Generation Flat-Tax vor der Frage: Wie lange noch?

Wir sind zu sehr Feuilletonist, um einfach zu sagen: Wahlergebnis in die Grütze geritten und Rübe weggedröhnt – Schwamm drüber, schließlich werden pro Tag Hunderte von deutschen Arbeitsplätzen durch umfallende Reissäcke in China erschlagen. Diese Welt hat andere Probleme! Also nutzen wir die Möglichkeiten der Interpretationsinsel, und schon hören wir das, was in solchen Fällen immer gehört wird: den guten alten Hilfeschrei!

Vielleicht wäre alles anders gekommen, wäre Kate Moss von Helmut Kohl entdeckt worden (»mein Mädchen«) und Angela Merkel eine Zeit lang mit Johnny Depp zusammen gewesen. Beides haben allerdings rücksichtslose Medien verhindert, die auf Angie und Kate Jagd gemacht haben wie sonst nur auf den noch immer aktuellen Kanzler.

Sicher, über die Frisur von Kate Moss wurde nie gewitzelt, und bei Frau Merkel kam eher selten das Gerücht auf, sie sei magersüchtig. Aber Frau Merkel hat mit der Präsentation von Professor Kirchhof die Wähler verunsichert, wogegen Kate Moss beim Erwerb von Kokain vermutlich nicht mal Mehrwertsteuer bezahlt hat.

Die Dummen sind wieder mal die kleinen Säufer aus den großen Volksparteien, die den Sprit ehrlich an der

Tanke erwerben und keine steuerlichen Schnupflöcher nutzen können. Heroinchic ist nur was für Besserverdiener, und denen wurde das Regierungsmandat verweigert.

Unklar bleibt, wieso uns Kate Moss als »das Gesicht und der Körper unserer Zeit« aufgedrängt werden soll. Als freiester Deutscher, der je von europäischem Boden ausgegangen ist, bestehe ich darauf: Das Gesicht unserer Zeit sieht eher aus wie Ludwig Stiegler, und der amtliche Körper hat sich gerade von allen politischen Ämtern zurückgezogen. Wie so viele war Kate Moss der Doppelbelastung Supermodel/alleinerziehende Mutter nicht gewachsen. Deutschen Frauen in ähnlicher Situation hat es schon geholfen, wenn ihnen der Regierungschef via Bildschirm eine Liebeserklärung gemacht hat. Aber England ist ja bekannt für seine soziale Kälte (Dickens!), woraus folgt: Schuld am Schicksal von Kate Moss ist Maggie Thatcher.

In diesem Zusammenhang muss einmal die vorbildliche Haltung unserer oft gescholtenen deutschen Industrie erwähnt werden: Es wurde kein einziger Werbevertrag von Angela Merkel gekündigt.

Das ist genau der Optimismus, den wir jetzt brauchen! Ob Wahlgang oder Entziehungskur! Drücken wir Kate und Angie spätestens für den dritten Versuch die Daumen.

Star Control

Jetzt ist Schluss mit Mutmaßungen. Ab sofort gibt es *www.bunte-star-control.de,* das unbestechliche Messorgan für Deutschlands wichtigste Menschen.

Der ideale Zeitvertreib fürs Büro in den Stunden zwischen Arbeitsbeginn und tschö mit ö, ich bin dann weg. Liegt's daran, dass dic Seite so oft aufgerufen wird, oder hat mir die CIA einen Wurm verpasst, aber warum lese ich an einem ganz normalen Mittwoch (gut, es war der erste Arbeitstag von Frau Doktor Merkel) gegen 12.30 Uhr minutenlang *Lade Daten, einen Moment bitte!?* Wenigstens sind auf der Homepage die wichtigsten News zu erfahren: Prof. Sauer (Kanzleringatte) erobert die Top Ten in der Kategorie »Wissenschaft«. Dagegen verliert Nicole Kidman im Bereich »Kino« 13 Plätze und rasselt von 16 runter auf 29. In meinem Fachgebiet, »Fernsehen«, hat sich Publikumsliebling Thomas Gottschalk sensationell verbessert und liegt jetzt – zum Glück nur knapp vor mir – auf Platz eins.

Aber was ist mit Mario Adorf, letzte Woche auf Platz eins und Thommy nur auf drei? Da mein Computer noch immer lädt, muss ich weiter warten, erfahre aber immerhin das Spitzentrio in der Luxuskategorie »Society«: Paris Hilton, Dana Schweiger und Verona Pooth. Damit kann ich leben, und dass Angela Merkel derzeit die wichtigste Person in Deutschland ist und deshalb die unangetastete Nr. 1 in der Kategorie »Alle« – man hat es fast geahnt. Auf meinem Bildschirm erscheint jetzt der *On Demand Scanner* und hat bereits mehr als zehntausend *files gescanned.* Wie wild rast der Strich über das kleine Tier (Laus? Skorpion?). Vermutlich will das FBI wissen, wie wichtig es in Deutschland ist.

Wie kommt man eigentlich in Star Control? Vereinfacht gesagt: Wer reinkommt, ist drin. Mehrmals täglich ermittelt eine speziell entwickelte Software die »persönliche Bedeutungs-Kennziffer eines Prominenten« aus Erwähnungen in über 700 Online-Medien und Weblogs. Viel Kennziffer – viel gut. Wenig Kennziffer – du haben Problem.

Allerdings nicht unbedingt. Denn Til Schweiger hat sich in der Kategorie »Kino« um 50 Plätze nach oben verbessert, obwohl seine letzte Premiere schon ein Weilchen zurückliegt. Wumm! Zisch! Rüttel! Jetzt bin ich drin. Kein Virus. – Schock: Mario Adorf in »Fernsehen« von eins runter auf sieben. Liegt jetzt zwischen Benno Fürmann und Yvonne Catterfeld. Aber, siehe da: Mario Adorf in »Kultur« auf fünf, zwischen Netrebko und Julian Nida-Rümelin. Das schaffen nur wenige, in zwei Kategorien in den Top Ten. Zum Beispiel Michael Ballack: Platz acht in »Alle« zwischen Peer Steinbrück und Kofi Annan und Platz eins in »Sport« vor Klinsmann. Da ich in »Alle« auf 292 liege, wäre es nett, wenn 291 und 293 sich mal melden würden. Man will ja wissen, zwischen wem man liegt.

Buchmesse

Auch ein kluger Kopf kann angesichts der vielen Bücher, die man in Frankfurt für uns ins Regal gestellt hat, leicht mal den Überblick verlieren.

Gut, dass es eine in der Buchmessenstadt erscheinende Allgemeine Zeitung gibt, in der am selben Tag gleich zwei Rezensionen von *Alan Hollinghursts* Roman *Die Schönheitslinie* erscheinen: im Feuilleton und in der Beilage. Man könnte ja eine übersehen. Beide sind sich allerdings einig: 'n büschen lang. Das war auch unsere bescheidene Meinung. Schließlich hatten wir vorher schon gefühlte 20 Besprechungen des Romans gelesen und ihn auch gleich pflichtbewusst gekauft. »Recht hübsch«, um mit den Worten des Autors zu reden. Aber dass der Adel überwiegend schwul und zugekokst daherkommt und viele Ex-Lover die Vogelgrippe nicht mehr erleben werden, war jetzt nicht sooooo überraschend. Mal sehen, ob wir nach Seite 120 noch weiterlesen oder das Buch an einen Wehrlosen verschenken. Besprechungsmäßig noch häufiger erwischt hat es *Tom Wolfe* mit *Ich bin Charlotte Simmons.* Hier die Kurzmeinungen zum Runterladen: a) Alter Sack beschreibt Halligalli im aktuellen Studentenleben, peinlich, peinlich. b) Meisterhaft, weil gerade die Distanz (altes Hirn vom Tom – junger Body Charlotte) künstlerisch besonders wertvoll ist.

Das Beben von *Martin Mosebach* ist, was die Anzahl der Besprechungen angeht, solides oberes Mittelfeld, kommt aber fast immer gut weg. Im ersten Teil empfehlenswert für Verehrer des zeitgenössischen Kunstbetriebs sowie Liebhaber von Friseuren mit

Mannheimer/Ludwigsburger Dialekt, soll weiter hinten in Indien aber richtig losgehen. Tipp: Parallel lesen mit *Zeitlupe* von *J. M. Coetzee.* Lasziv-scharfe Kroatin entfacht sexuelle Phantasien bei einbeinigem Sechzigjährigen (Fahrradunfall). Und zwar im Auswandererparadies Australien.

Nun aber zu den beiden Musts für die wichtigste Zielgruppe in diesem Leserherbst: *Die Möglichkeit einer Insel* von *Michel Houellebecq* sowie *Saturday* von *Ian McEwan.* Echte Knaller für den Mann um die Achtundvierzig, dessen Bauch noch recht straff wirkt, wenn er die Arme über den Kopf hebt (McEwan). Egal, ob es sich beim geneigten Leser um einen streng monogamen Neurochirurgen oder einen schwerreichen Fernsehkomiker, der einer blutjungen Schlampe hörig ist, handelt: Beide Bücher wärmen das Herz. Und mehr.

Selten sind wir Männer knapp vor fuffzich einfühlsamer gewürdigt worden, selten wurden uns die beiden künftig möglichen Lebenspläne befreiender vor Augen geführt: kuscheln oder klonen. Lesen!

PS: Sollten Sie demnächst eine aufwändige Zahnbehandlung vor sich haben, empfehlen wir *Martin Amis: Die Hauptsachen.*

PPS: Liebe Verlage! Bitte schicken Sie mir keine Bücher. **Ich kaufe alles!** Unverlangt eingesandte Bücher fliegen **eingeschweißt in den Müll.** Danke für Ihr Verständnis.

Meinungsfreiheit

Verdammt! Jetzt ist auch noch unsere Meinungsfreiheit in Gefahr. Kann schon mal vorkommen, wenn man mehr macht, als eigentlich geht. Stichworte wie Dänemark, Karikaturen oder Boykottdrohung müssen genügen. Jetzt ist – und da sind sich wirklich alle einig – der Dialog gefragt. Das ist immer dann der Fall, wenn der Monolog bei Teilen des Publikums eher weniger Lacher verzeichnet. Alte Late-Night-Regel. Freiheit muss sein, aber Gefühle dürfen nicht verletzt werden. Also sprach der Leitartikel. Das ist – man hätte es wissen können – so nicht ganz richtig. US-Präsidenten, beispielsweise, oder der Papst, haben entweder keine Gefühle, oder sie sind weniger verletzungsanfällig. Zumindest reagieren sie gelassener bis gar nicht. Im Gegensatz zu Staatsoberhäuptern in Ländern, wo unsere Politiker auf Druck der Heimat immer »Menschenrechte« sagen müssen, bevor die mitgereisten »Spitzen der Wirtschaft« ein Joint Venture machen. Besonders einfühlsame Dialogbereite haben eine künstlerische Komponente in der aktuellen Auseinandersetzung entdeckt: Die zeichnerischen Werke unserer dänischen Freunde waren so schlecht gemacht. Hätte man aus dem Grunde schon nicht drucken dürfen. Das macht Hoffnung. Denn wenn alles künstlerisch Schlechte nicht mehr veröffentlicht werden darf, ist Deutschland ab morgen fast comedyfreie Zone.

Was aber wird aus unserer geliebten künstlerischen Freiheit? Aus der Meinungsfreiheit, vor allem für die Vielen, die schon jetzt ihre epochalen Ansichten durch alles, vom Leserbrief bis zum Chat, kundtun? Nicht zu reden von den moralischen Übermenschen, den Bloggern!? Ganz einfach: Auf alles, was irgendwie nach Westen aussieht, kannste draufhaun, bis es süß kommt. Schließlich hamwa Meinungsfreiheit. Und Satire: Bischöfe sind schwul, Hausmeister Faschisten und Amerika der Untergang der Menschheit – da zieht auch kein Drittes mehr den Stecker raus. Ansonsten ist Klappe halten persönlich vielleicht fast noch komfortabler als Dialog.

Und das Beste zum Schluss: Medienmäßig hat uns das Ganze von Mozart erlöst.

Mach et, Günter!

Wir fassen zusammen: Niemand soll Günter Grass verurteilen, weil er in jungen Jahren Mitglied der Waffen-SS war. Erlaubt ist lediglich die Frage: Warum hat er so lange geschwiegen, bis nach der WM?

Mit dieser Haltung kommt man prima durch die nächsten Talk-Shows und jede spontane Meinungsumfrage. Dort wiederum kann man konfrontiert werden mit: Hat sich Ihr Verhältnis zu Günter Grass geändert? Dies setzt voraus, dass man weiß, wer Günter Grass ist. Gerade junge Menschen dürften sich auch mit der historisch korrekten Einordnung der Waffen-SS schwertun. Für junge Menschen beschränken sich wichtige Daten der deutschen Geschichte auf 54, 74, 90, 2006 – vor allem, wenn sie rhythmisch vorgetragen werden.

Und das Verhältnis? Wir empfehlen die Auskunft: Literarisch bleibt er für mich ein Großer, aber moralisch würde ich nicht mal mehr eine Blechtrommel von ihm kaufen! Schade eigentlich. Denn über all die Jahre war GG ein Fels im Watt. Ob für Willy oder gegen Verdrängung – GG sagte uns (oft ungefragt), wo's langgeht. Auch seine Filme waren Spitze. Vor allem der mit der Brause im Nabel und dem Aal. Und was soll überhaupt am Schweigen so schlecht sein? Ingmar Bergman hat es sogar verfilmt. Gut, das war jetzt ein Kalauer. Aber Peter Handke, unser anderer Dichter, schweigt nie und hat auch bloß Stress. Irgendwie kann's den Deutschen keiner recht machen. Bleibt die Frage: GG, was darf er behalten, was muss er zurückgeben, was wird aberkannt? Nobelpreis darf er schon mal behalten. Wäre auch schwierig. Geld ist vielleicht schon verjubelt, und wer sollte den zurückgegebenen Nobelpreis erhalten? Oder lässt man den Preis in diesem Jahr ganz ausfallen, und für Grass erfolgt der Zwangsabstieg ins Taschenbuch mit 30 Prozent Abzug?

Behalten darf Grass weiterhin die Ehrenbürgerwürde von Danzig, die Bahncard und sein Abo für People-Magazine. Handy und MP3-Player kommen für vier Wochen unter Verschluss, denn ein bisschen Strafe muss sein.

Für mich persönlich stellt sich nur eine Frage: Kann Günter Grass Deutschlands wichtigster Intellektueller bleiben, was er laut Umfrage vor wenigen Monaten war? Platz zwei war ich. Nie habe ich mich um ein Amt beworben, niemals nach einer Aufgabe gedrängt. Aber sollte der Nobelpreisträger Platz eins zurückgeben, stünde ich als Deutschlands neuester wichtigster Intellektueller bereit. Aus Pflichtgefühl gegenüber unserem Land und um das Amt nicht zu beschädigen. Bis dahin genügt es mir, wenn GG ein Zeichen setzt: Schnäuzer ab, live bei »stern TV«. Günter, wir brauchen dich!

»Idomeneo« in Pimmelsdorf

»Wir sind hier nicht in Pimmelsdorf.« Diese Feststellung von Regisseur Hans Neuenfels (in der SZ) muss in einer offenen, modernen Gesellschaft durchaus Grundlage für einen ausführlichen Diskurs sein.

Einerseits ist Berlin natürlich trotz des Wahlergebnisses nicht Pimmelsdorf. Andererseits haben viele Pimmelsdorfer ein Abo an der Berliner Oper, wo sie sich gerne unterhalten oder auch provozieren lassen, sofern sie hinterher noch lecker essen gehen können und das Parkhaus nicht wieder so früh dicht macht.

Deutschland ist nämlich, wir haben es bereits geahnt, ein Land von Opernverrückten. Sechs Milliarden Deutsche gehen einmal wöchentlich in die Oper. Zweiundneunzig Prozent aller Familien unterhalten sich während des Abendessens über Leitmotive in Wagners »Ring«. Das Kabinett besucht regelmäßig Schulen in Gebieten mit überdurchschnittlich hohem Migrantenanteil, wo auf den Pausenhöfen Mozart-Opern nachgestellt werden. Nur so ist der Aufschrei verständlich, den die vorübergehende Nichtwiederaufnahme (volkstümlich: Absetzung) von »Idomeneo« (Neuenfels/Mozart) an der Deutschen Oper Berlin ausgelöst hat. Die Bundeskanzlerin findet es »unerträglich«. Die FAZ befürchtet eine mögliche »Versteppung in den Köpfen der Kulturschaffenden«. Nur nebenbei: Wer sich je in einer deutschsprachigen Theaterkantine aufgehalten hat, weiß nicht, was häufiger mit am Tisch sitzt – ein versteppter Künstlerkopf oder ein in Alkohol konserviertes Schauspielergehirn.

Aber das Rettende wächst. Je dunkler die Zeiten,

desto verlässlicher arbeitet die Theatermaschinerie. Auch wer Idomeneo bisher für den Hund von Asterix gehalten hat, ist jetzt ganz weit vorn bei den Mutigen und Furchtlosen. Die Kölner Oper hat bereits angeboten, die Berliner Aufführung zu zeigen. Respekt! Den Pimmelsdorfern sei gesagt: »Orpheus in der Unterwelt« (normalerweise ein bombensicherer Publikumsrenner) wurde in Köln nicht abgesetzt, weil befreundete Kulturkreise sich beleidigt gefühlt haben, sondern weil der ehemalige Regierungspräsident in einer Hauptrolle das Haus von der Bühne aus leer gesungen hat. Da ist man natürlich dankbar für ein künstlerisches Care-Paket. Ansonsten bietet die unkonventionelle Aktion der Berliner Intendantin Harms den anderen Kultur- und Theaterschaffenden endlich mal wieder Gelegenheit, sich in der eigenen Lieblingsrolle zu präsentieren: als wilde, ungezähmte, antibürgerliche Aufklärungsbrigade, die eher auf die gewerkschaftlich garantierte Ruhezeit verzichten würde, als einen Fingerbreit vom Guten, Wahren und Schönen abzuweichen. Dass die Politik dies ab sofort genauso sieht, zeigt uns auf einem guten Weg. Vorhang auf!

Plattenkritik

Popkomm in Berlin: Wäre das nicht eine gute Gelegenheit, sein Geld künftig als Plattenkritiker zu verdienen? Hornbrille auf, Umhängetasche rum, Trainingsjacke an – und los geht's.

Erst mal was Grundsätzliches: Die Plattenindustrie ist am Ende, aber das Album lebt. Das nutzen wir für einen Spaziergang runter auf der Straße der Erinnerung, als es noch echte, große Plattencover gab. Als wir uns sentimental mit dem Neukauf aufs Bett geworfen haben und zärtlich über die LP streichelten. Ruhig was Privates rein, wie wir damals im Krankenhaus lagen und immer wieder die eiernde Kassette gehört und Jahre später (also kürzlich) doch glatt die Original-LP in einem Store in Boston gefunden haben. Direkt buttrig wurde uns zumute, so buttrig wie die Gitarrenlinie auf »Déjà Vu« von Beyoncé. Das wummert, spotzt und kracht hammersanft, sodass wir fein, fein denken. Fein muss unbedingt in einem schweinefetten Text über minimalistische House-Tracks vorkommen. Genau wie lässig. Oder entspannt. So lässig und entspannt, wie die habituellen Erfölglinge der Charts gern wären. Aber das brummt uns die Rille weg, die wir durchaus noch brauchen können, wenn wir ins neue Werk von DJ Koze, Erobique und Cosmic DJ reinlauschen. Irgendwas zwischen Karamel-Macchiato und Long Island Ice Tea, mit einem Spritzer Alkohol.

Bleibt die Frage: Metallische Beatgrundierung, glucksende Percussion und eine unverschämt schön-schmierige Keyboard-Hookline – wo findet man so was? In »Sexy Back« von Justin Timberlake. Nie vergessen:

Das ist eigentlich R ’n’ B! Das unfassbar slicke Stück hat er zusammen mit Timbaland geschrieben, der mit seiner Achtziger-Keyboardlinie bei Nelly Furtado bewiesen hat – leider, leider –, dass sich auch ein Stilgott irren kann.

Erfreulich Entspanntes gibt es von Jean-Benoît Dunckel und Nicolas Godin zu vermelden (alias Air), die sich mit den für sie typischen Bassläufen und Klavierkaskaden gegen den Pulp-Sound auf dem neuesten Werk von Charlotte Gainsbourg durchgesetzt haben. Schüchtern, zart und ohne bestimmte Pläne für die Zukunft – so wirkt die im Gegensatz zu ihren Eltern niemals sexualisierte Mutter. Wir aber rufen: Hölle, Hölle, Hölle!

»Wallenstein«

So einig war sich die Kritik lange nicht mehr: Der »Wallenstein« von Peter Stein und Klaus Maria Brandauer (natürlich mit dem Text von Schiller) ist ein großer Wurf. In der gestrengen FAZ war gar zu lesen, dass Brandauer zum ersten Mal seit 1969, als er den Prinzen in Fritz Kortners Inszenierung von »Emilia Galotti« gab, etwas anderes als sich selbst gespielt habe. Wenn wir richtig rechnen, ist das auch schon wieder 38 Jahre her, und Brandauer hat in der Zwischenzeit eine recht beachtliche Karriere gemacht. Oscar, »Hamlet«, »Jedermann« – es gibt durchaus Darsteller, bei denen es schlechter gelaufen ist. Scheint also, als ob das Publikum seit damals ziemlich angetan war von Brandauers Leistungen. Aber jetzt ist auch die FAZ zufrieden, und der Schauspieler kann für die Zukunft planen.

Zu verdanken hat er das außer seinem Können Peter Stein. Das ist die eigentliche Sensation, denn wer in den 70er-Jahren des vergangenen Jahrhunderts Schauspielschüler war, der wusste: Stein und Brandauer trennen mehr als Welten. Stein war Schaubühne und Brandauer Burgtheater. Mittlerweile ist ziemlich viel ehemalige Schaubühne am Burgtheater, aber gefühlte 18 Jahre Soli-Zuschlag treiben auch den eingefleischtesten Marxisten auf ehemals feindliches Territorium.

Die Schaubühne damals war links, und alle waren gleich. Bis auf Bruno. Der war schon damals ziemlich Ganz. Brandauer galt als bürgerlich, und das war unter Schauspielschülern damals das Letzte. Einige weigerten sich zum Beispiel, zu einem Vorsprechen ans Hamburger Thalia Theater des damaligen Intendanten

Boy Gobert zu fahren. Zu Boulevard. Sie hatten übrigens auch gar keine Einladung und gingen folgerichtig direkt an die Landesbühne Memmingen. Aber nur für zwei Jahre, danach suchten und fanden sie sich selbst an der Kasse bei Karstadt.

Zu den gefühlten sechs Milliarden Kortner-Anekdoten dürfte in jüngster Zeit noch die eine oder andere hinzugekommen sein, vielleicht als Parodie, wie Kortner wohl reagiert hätte als Zeuge der Proben zwischen seinem ehemaligen Regieassistenten Stein und seiner schauspielerischen Entdeckung Brandauer.

Wäre doch eine schöne Idee für einen grandiosen Zusatzabend mit Walter Schmidinger.

Gefeuerte Stars

Der Rauswurf von Tom Cruise beunruhigt mich. Was, wenn dieses Beispiel Schule macht? Denn das Paramount-Studio, der bisherige Arbeitgeber von Tom, hat völlig richtig erkannt: Niemand braucht Stars! Sie sind teuer, zickig und unverschämt, höchste Zeit also, die nervigen Großverdiener vor die Tür zu sctzen.

So weit ist es in Deutschland noch nicht. Zum einen haben wir keine Filmstars (außer »Bully«). Zum anderen sind sie alle beim Fernsehen. Und das Fernsehen wirft keinen raus. Man denkt höchstens mal über neue Konzepte nach. Oder bastelt an einem Format, das besser zum Moderator passt. Oder will prinzipiell die gemeinsame Arbeit in Zukunft fortsetzen. Was aber, wenn irgendein pfiffiger Referent in den Führungsetagen der deutschen Fernsehsender schnell reagiert und nächstes Jahr, unmittelbar nach Ostern, in die Runde wirft: »Habt ihr schon gehört, was die Amis mit dem Cruise gemacht haben?« Zwar spielt der Ex von Nicole Kidman eher selten in deutschen Serien, aber natürlich kennen die meisten Entscheider Tom Cruise auf Anhieb. Deshalb ist ihnen auch nach einem kurzen Update (»Ich bin momentan nicht so im Thema drin«) das Schicksal des Gefeuerten mehr als präsent. Und es kann nur noch eine Frage von Monaten sein, bis einer auf die Idee kommt: Warum schmeißen wir unsere Stars nicht auch raus? Schließlich will das Publikum die Sendung sehen. Wer moderiert, ist doch völlig wurscht. Das gäbe ein böses Erwachen. Nicht unbedingt unter den Stars des deutschen Fernsehens. Aber doch bei denen, die so bezahlt werden. Natürlich gibt es Moderatoren, die bigger than life sind. Thommy, zum Beispiel. Nie würde das Publikum es sich bieten lassen, dass »Wetten, dass ...?« von einer computeranimierten Figur à la Shrek moderiert wird. Noch besser steht Günther da. Er beherrscht förmlich die deutsche Fernsehbranche und wird selbst dort auf Händen getragen, wo keine mehr frei sind. Aber wehe, wehe, wenn ich nach den anderen sehe. Ob Sportschau, Talk-Show oder Quiz: Fast überall wäre die Moderation durch Nemo (natürlich gesprochen von Anke) eine Verbesserung. Unter Renditegesichtspunkten wäre es für manchen börsennotierten Sender vielleicht sogar attraktiver, nach 22 Uhr Live-Impressionen von internationalen Schlachthöfen oder Hubschrauberbilder von Ostbelgien zu senden.

Was mich betrifft: Nahezu hundertprozentige Jobgarantie! Keine Sektenzugehörigkeit, 1-a-Benehmen bei Talk-Show-Auftritten, und bei »Mission: Impossible« habe ich schon gewusst, warum ich nicht mitspiele. Und wenn sie will, darf meine Frau bei Geburten doppelt so laut schreien wie die Gebärende mit Migrationshintergrund im übernächsten Kreißsaal. Immer mittwochs und donnerstags nach den »Tagesthemen«.

Mel Gibson

Zuckertitte. Als solche soll Mel Gibson die Polizistin bezeichnet haben, die ihn während seiner angeschwipsten Autofahrt gestoppt hat. Zuckertitte. Das geht natürlich gar nicht. Als Zuckertitte hat nicht mal Jürgen Flimm Veronica Ferres bezeichnet, als sie bei der Ruhrtriennale hingeschmissen hat. Obwohl er Grund gehabt hätte, sauer zu sein. Aber auch als Künstler muss man sich im Griff haben.

Als Nächstes soll sich Mr Gibson bei einem Polizisten erkundigt haben: »Sind Sie Jude?« Ungewöhnlich zwar, könnte aber noch als Interesse an der religiösen Überzeugung des Streifenbeamten gewertet werden. Die nachfolgende Bemerkung allerdings, wonach die Juden schuld an allen Kriegen dieser Welt seien, ist moralisch ebenso verwerflich wie historisch falsch. Das hätte der Mel wissen können, wenn er statt langhaariger Schotten mal einen richtigen Nazi gespielt hätte.

Aber vermutlich hatte er keinen Bock, für ARD oder ZDF zu arbeiten. Das könnte sich jetzt ändern, denn wie man hört, ist der zweifache Oscar-Gewinner (kein Grimme in Gold, kein Büchnerpreis, aber immerhin) in der »Traumfabrik« erst mal unten durch. Fragen darf man allerdings, wie lange. Denn der letzte Gibson spielte 600 Millionen Dollar ein. Trotz des Vorwurfs starker antisemitischer Tendenzen (Juden sollen Jesus auf dem Gewissen haben … Ebenfalls falsch. Es waren die Römer. Trotzdem hat der Vatikan seinen Sitz in Rom, woraus wir lernen: Versöhnung ist möglich).

Natürlich wollen wir Mel nicht mit dem Vatikan vergleichen, obwohl er sehr tief katholisch ist (der Mel).

War das vielleicht der Grund, warum er mehr Promille im Blut hatte als erlaubt? Hat er Stress in der Ehe? Probleme als Vater vieler Kinder? Gibt es irgendwo ein Bikini-Mädchen? Denn Hollywood ist voll von Schlampen, die ohne Rücksicht auf die Religion Jagd auf gutgläubige Männer machen. Wer von uns also frei von Schuld ist, der werfe die erste Flasche. Mel Gibson muss sich reuig zeigen und Buße tun.

Möglichkeit 1: Er vergisst seine Hollywood-Arroganz, zeigt Demut und spielt in drei Folgen von »Hallo, Robbie«, der Resozialisierungsserie mit Seelöwe im Zweiten.

Möglichkeit 2: Irgendwas mit Jugendlichen, wie Zidane, wegen Vorbildfunktion. Inszenierung von »Nathan der Weise« mit schwer Erziehbaren in L. A. (Malibu, South Central, Huntington Beach).

Oder drittens: Durch die künstlerisch bedingte Absage von Veronica Ferres hat die Ruhrtriennale noch Termine frei. Mel gastiert mit einer szenischen Lesung, zum Beispiel von Shakespeares »Kaufmann von Venedig«. Dann wäre fast wieder alles auf Zucker. Auch ohne Titten.

Nun ja, Feuilletontipps

Unsere Feuilletons überschlagen sich: Zum Jahresausklang überschütten sie uns mit Geschenktipps aus künstlerisch wertvollen Teilbereichen des menschlichen Daseins.

Dankbar verschlingen wir Orientierungslosen die Anregungen, hätte man doch sonst ums Haar die falsche CD für *Die Schwägerin, die man eigentlich nicht mag* (so eine der nur gaaaaaanz leicht prätentiösen Kategorien) gekauft.

Wer aber kategorisiert die Empfehlenden? Nun ja. Die Satzbremse »nun ja«, die beim Lesen immer so wirkt, als würde man sich bei einer Tasse Tee im adventlichen Kerzenschein einen Kuchenkrümel aus dem Mundwinkel wischen, ist, nun ja, ein absolutes Must für Feuilletonisten unserer Zeit. Auch wer täglich mehrere Zeitungen verschlingt, kann nicht alle Autoren trittfest einordnen. Nicht jeder hat das Glück, von Jürgen Habermas als »notorischer Rechtsausleger« gewürdigt zu werden, über den damit alles gesagt ist. In diesem Zusammenhang ist der FAZ zu danken, die Fotos sämtlicher Feuilletonistinnen veröffentlichte. Auch wenn vereinzelt Antlitze auf uns schauen, von denen wir beim Fernsehen sagen, das ist, nun ja, eher was fürs Radio.

Trotzdem freuen wir uns, so manches Hip-Hop-Bärtchen zu entdecken, wo wir eher eine festmontierte Leselampe vermutet hätten. Leider hält man sich bei FAS, SZ und ZEIT schowihaft bedeckt. Absolute Top-Kategorie unter den Empfehlenden: *der Unlesbare.* Er schreibt jeden zweiten Tag mindestens eine drei viertel Seite, vorwiegend futuristisch, bei der auch nur ein einziger verständlicher Satz zur fristlosen Kündigung führt. Wir kaufen sämtliche Empfehlungen, denn eine Zeitung, die solches im Blatt ermöglicht, dient der Kunst, nicht dem Kommerz. *Der sorgfältig Verstrubbelte,* auch bekannt als *mentale Umhängetasche.* Unser Favorit. Hat mindestens zwei Studien abgeschlossen (Kunstgeschichte, Philosophie) und ist locker zweihundert Jahre zu jung für das, was er weiß. Schreibt ebenso federleicht und kenntnisreich über Bourdieu wie das anheimelnde Siffambiente in friesischen Bahnhofsspülen.

Ironiefreie Tränenausbrüche beim Anblick einer Jürgen-Marcus-Postkarte stehen am Anfang eines Weges aus Kälte und Zynismus. Sensibler befiehl! Wir kaufen. *Das Literaturflittchen.* Sieht so geil aus, dass sie auch für eine englische Boulevardzeitung in Reihe zwei bei der Robbie-Williams-Pressekonferenz sitzen könnte. Ist aber ultrasmart und schreibt wahre Preziosen zu Themen wie *Abgebrochene Stöckel, Tragetüten und Lässigkeit.* Empfiehlt Indielabel-CDs, die nicht mal auf dem Klo von Entziehungskliniken bekannt sind. Wir bekennen: Die Empfehlungen dieses It-Girls schüchtern uns ein. Dann lieber die dritte Gesamteinspielung von Beethovens Klavierkonzerten. Demnächst: die Empfehlungen von *Rockzausel, Sabberschreibsel* und *Jurytucke.*

»Große Sprünge kann man damit kaum machen.«

Yellow Bubble und Generation Cayenne: Wirtschaft und Finanzen

Die Deutschen haben Angst vor der Börse. Das ist schade, denn aus diesem Grund müssen sie sich immerfort mit erwerbsorientierter Arbeit abplagen.

Wie angenehm eine reine Tätigkeit als Heimbroker ist, lässt sich in fast jedem zweiten aktuellen Roman nachlesen.

Man steht um fünf Uhr morgens auf, geht aufs Laufband und verfolgt auf mehreren Monitoren unter sanfter Kopfberieselung die Weltmärkte.

Dieses Szenario schmeckt nach Glas, Stahl und Chrom, es atmet den Duft von Web 2.0, Fitness und perfektem Sex. In diesen Welten wird ständig frischer Kaffee aufgebrüht, und wenn die Personal-Trainerin im hybriden SUV die Auffahrt hochgleitet, hat man schon die erste neue Million gemacht.

Versuche, solche – trotz aller sexuell aufgeladener Situationen – fast körperlose Welten nachzugestalten, enden allerdings häufig in einer irgendwie depressiven Ich-krieg-den-Computerfritzen-nicht-ans-Telefon-Atmo.

Zum Beispiel am Tegernsee. Weil von sechs Bildschirmen vier kaputt sind. Vermutlich, weil die Feuchtigkeit aus dem Schwimmbad rüberzieht. Schimmel auf den Laufbändern, unaufgeräumte Skistiefel neben dem Laptop, auf dem die Homepage von Tabaluga als Bildschirmschoner den aktuellen Infostand des Hausherrn dokumentiert.

Aber man muss ja nicht unbedingt auf EM-TV oder Premiere-Aktien setzen. Der Knaller aktuell sind sowieso Index-Zertifikate, getreu dem Motto: Sie können den Markt nicht schlagen.

Und damit hätte man schon den ersten Satz für einen neuen Börsenratgeber. Bleibt die Frage: Wie kriegt man die restlichen zweihundert Seiten voll?

Statistiken und Grafiken sind schnell veraltet, und wirklich keine Sau will sie lesen. Was man in solchen Ratgebern will, sind griffige Tipps à la: Mit Langweilern zur ersten Million! Oder: Wasser – das Öl der Zukunft.

Die ersten hundertneunundneunzig Seiten sind also schnell gefüllt mit Klassikern: Billig rein in die Kurse und rechtzeitig raus. Dividende ist nicht alles. Neue Märkte rechtzeitig erkennen. Peru – das Renditeparadies seit den Zeiten von Pizarro. Keine Angst vor Aktien auf Kredit.

Auf der letzten Seite sollte man vor keinem Klischee in Sachen Warnung zurückschrecken. Fallendes Messer. Nicht geklingelt. Kaufen und fünf Jahre schlafen. Dazwischen alle zehn Seiten den Namen Warren Buffett plus Dönekes wie dessen angebliche Vorliebe für täglich Burger und Steak und Milchshake.

Wer rechtzeitig anfängt, Wirtschaftsartikel der FAZ umzukolumnieren, hat bald ohne größeren Zusatzaufwand ein recht erfolgreiches Taschenbuch parat.

Die entsprechenden Seiten der Süddeutschen sind dafür weniger geeignet. Dort sollen die Altabonnenten eher auf den riesigen Schritt vom Sparbuch zum Festgeld vorbereitet werden. Wirkt auch nicht aufregender, wenn man .de dahinter schreibt.

1.440 Euro futsch

Bis zu 30 Euro verschwinden pro Woche aus ihrem Portemonnaie, ohne dass sie sich an die Ausgaben erinnern können.

Dies gaben drei von fünf Befragten jetzt bei einer repräsentativen Emnid-Umfrage zu. Eigentlich ein schöner Zustand. Denn wie oft regt man sich auf, weil einem wieder einfällt, wofür man das Geld rausgeschmissen hat: für die Eintrittskarte in einen deutschen Kinofilm, eine Feist-CD oder eine Mai-Scholle in der Düsseldorfer Altstadt.

Da ist es doch besser, die Piepen sind futsch, und man weiß nicht, wofür. 30 Euro pro Woche können leicht mal 1.440 Euro pro Jahr werden. Netto, versteht sich. Da muss 'ne alte Frau lang für Spargel stechen, auch in diesen wirtschaftlichen Brummzeiten. Kann sein, dass der Betrag über die Jahre mal schmerzlich in der Altersvorsorge fehlt. Wer dies ändern möchte, sollte wissen, dass viel Geld verschwindet bei Sachen, die irgendwie mit lecker anfangen. Lecker Kaffee trinken, zum Beispiel. Oder lecker Eis essen gehen. Zehn bis 15 Euro sind da gar nichts. Es bleibt ja nicht beim tollen Latte macchiato to go mit einem extra Schuss Kaffee. Schnell wird noch ein betonharter Brownie oder eine würgesüße Schokoecke dazugenommen, und schon sind wir bei 20 Mark. Denn nur, wer noch in Mark rechnet, merkt, wie schnell das Geld rausgeht. Nach dem Parkhaus noch zwei People-Magazine gekauft? 20 Euro weg. Fußballkarte, verbrannte Bratwurst und zwei Stadionbier? Mit 60 Euro noch günstig davongekommen. Alles aber noch preiswert, verglichen damit, wenn Frauen shoppen gehen. Monatlich 20 Paar Schuhe sind kein Problem, die sind im Budget einkalkuliert. Teuer wird's durch die entsprechenden Mengen Schuhcreme und Imprägniersprays, die sich zu Hause in irgendwelchen Kartons stapeln. Sind allerdings unter den Bergen von Sonnenbrillen nicht leicht zu finden. Irgendwo zwischen den 70 Handtaschen. Männer können das steuern, indem sie bei Frau öfter mal 'nen Fuffi aus dem Geldbeutel nehmen. Ohne Geld an der Supermarktkasse? – Sorry, Schatz, hab vergessen, dir zu sagen, dass ich mir heut Morgen was geborgt habe.

Telekom-Liga

Wie oft Sie noch wach werden müssen, um die freudige Überraschung zu erfahren, hängt davon ab, wann Ihnen dieser Artikel in die Hände fällt. Aber am 21. Dezember ist Bescherung, dann erfahren wir, wer den Fußball kaufen darf. Respektive die Übertragungsrechte.

Heißer Favorit: die Telekom. Das ist für den Außenstehenden zunächst überraschend. Gut, der »Bonner Riese« bringt uns blitzschnell und supergünstig das Telefon ins Haus, verlegt megasauber und auf Anhieb komplizierteste Leitungen, und seine feschen Töchter jagen uns per DSL das Internet in die Studierstube, so schnell können wir gar nicht klicken. Aber Fußball? Kauft die ehemalige Volksaktiengesellschaft einen Club? Natürlich nicht. Der Chef ist ja kein Russe. Und wozu sich mit einem Club aufhalten, wenn man die ganze Liga haben kann?

Das Zauberwort heißt *Content.* Auf Deutsch: Kabel hat die Telekom schon. Und da muss jetzt was rein. Aber macht das nicht das Fernsehen? Doch, aber das Fernsehen muss es ja auch wo kaufen. Entweder es bezahlt Schauspieler oder Showmaster oder Fußballvereine. Da ist es einleuchtend, dass die Telekom den Bundesligafußball kauft, um ihn anschließend an Fernsehsender zu verkaufen, die ihn dann durchs Kabel der Telekom in »unsere Haushalte« bringen. Gut, manche haben Schüssel, aber das gehört jetzt nicht hierher. Manche haben auch *Premiere,* und wenn die Pech haben, gehören die auch bald nicht mehr hierher. Denn wenn alles der Telekom gehört, muss *Premiere* den Fußball bei der Telekom kaufen, damit die *Premiere*-Kunden ihn dann gegen Bezahlung bei *Premiere* sehen können. ARD- und ZDF-Zuschauer sehen ihn umsonst (Fachausdruck: Gebühren), wofür ARD und ZDF dann an die Telekom bezahlen. Könnten ARD und ZDF die Bundesliga nicht direkt beim Fußball kaufen? Nein! Denn sie sind nur reich, aber die Telekom ist stinkreich, deswegen gibt's ja auch mehr als vier Prozent Dividende (über die Kursentwicklung 2005 demnächst mehr). Fazit: Was Deutschland jetzt braucht, ist *Triple-Play,* sprich: Telefon, Internet und Fernsehen aus einer Hand, und die gehört der Telekom. Wenn es klappt, wird gleich noch die *Bundesliga* umbenannt in *Telekom-Liga,* was für die Berichterstatter eine leichte Eingewöhnungszeit erfordert. Aber wir sagen ja auch schon brav Fifa-WM. Was die Umstellung beim normalen Fan angeht, ist alles eine Frage der Kommunikation, und da ist die Telekom ja nicht ganz unerfahren. Ansonsten wäre es eine schöne Aufgabe für jemanden, der zwischen Schweiz und Russland noch Termine frei hat und zumindest beim Thema Fußball eine hohe Glaubwürdigkeit besitzt.

Reichensteuer

Erinnern wir uns an Heft 26. Unter der Überschrift *Millionärssteuer* war in dieser Kolumne von Plänen der rot-grünen Regierung zu lesen (damals noch im Amt, nicht geschäftsführend), eine Extrasteuer für Reiche einzuführen. Man konnte beruhigt sein, dass es bei Plänen bleiben würde. Denn die CDU lag bei Umfragewerten von 70 Prozent oder so. Jetzt, zwanzig Hefte später, ist die Millionärssteuer endgültig vom Tisch. Dafür kommt die Reichensteuer. Meint dasselbe, klingt aber besser. Nicht jeder Reiche muss auch gleich Millionär sein. Vielmehr hat es die SPD in nicht mal einem halben Jahr geschafft, dass man früher reich wird. Nach neuester Planung sind Verheiratete bereits ab zweihundertsechzigtausend Euro Jahreseinkommen dran (waren mal 500), Singles sogar schon ab hundertdreißigtausend (früher 250). Statistisch gesehen müsste uns das in der Liste der Superreichen doch weit nach vorn katapultieren.

Wichtig: Die zusätzlichen drei Prozent werden erst nach Überschreitung der eben genannten Zahlen fällig. Ein Single, der hundert Millionen Euro pro Jahr verdient, versteuert die ersten zweihundertsechzigtausend zum alten Tarif und kann das Ersparte in die Altersvorsorge investieren. Steuerfüchse achten also darauf, gar nicht über die kritische Marke zu kommen. Für aufschwungbereite Leistungsträger bedeutet das: Ab Mitte Januar 06 erst mal Beine hochlegen – Jahressoll erfüllt!

Politisch nicht so Interessierte könnten fragen: Hä, hallo? Wieso Steuererhöhung? Rot-Grün ist doch weg? – Stimmt! Deswegen hat ja jetzt auch die CDU den Plan aus Heft 26 umgesetzt. – Und was kriegen die dafür? – Dürfen die Steuern erhöhen. Die Mehrwertsteuer, von der SPD im Wahlkampf als »Merkel-Steuer« verspottet, was dazu führte, dass Frau Merkel nicht mit Herrn Westerwelle die Steuern erhöhen konnte. Macht sie jetzt mit Münte. Bzw. Platzeck. Bzw. Steinbrück.

Höhere Mehrwertsteuer führt dazu, dass alles teurer wird. Hat den Vorteil, dass keiner mehr was kauft, und das Zeug liegt dann eh nur zu Hause rum. Wo nichts gekauft wird, muss natürlich auch nichts hergestellt werden. Und wer nichts herstellen muss, hat Zeit und kann zum Beispiel Queen Mary 2 gucken gehen. Wurde zwar nicht hier gebaut, wird aber immerhin bei uns renoviert. Man wird ja bescheiden. Vielleicht denkt mancher beim Tuten des Signalhorns an seinen Schifffonds. Auch vorbei. Wurde Haushaltsloch mit gestopft. Und weil's nicht gereicht hat, Medienfonds gleich hinterher. Auch gut, wir brauchen keine Medien, die Leute haben ja alle Fernsehen.

Wenn jetzt noch die Lohnnebenkosten sinken, reißen uns ausländische Investoren die Bude ein.

Oberschicht

Die Große Koalition streitet sich um den richtigen Umgang mit einer gesellschaftlichen Gruppierung, die den Anschluss an den Rest der Gesellschaft zu verlieren droht: die Oberschicht.

Hierbei handelt es sich um etwa zehn Prozent der Bevölkerung, die zwar geschätzte fünfzig Prozent des Vermögens besitzen, sich aber innerlich vom Staat weitgehend verabschiedet haben. Stattdessen suchen sie Anschluss an Erscheinungen am südlichen Rand wie die Schweiz oder an noch extremer gelegene Gefilde wie Kalifornien.

Grund hierfür: mangelnde Bildung. Vor allem die Generation der 18- bis 21-Jährigen hat kaum einen ernsthaften Schulabschluss vorzuweisen. Weder auf den auch international geschätzten bundesdeutschen Gesamtschulen noch auf herkömmlichen Gymnasien, die teilweise in der Landessprache unterrichten (Deutsch, Stand Oktober 06), schafft es die sogenannte Generation Cayenne bis zum Abschluss. Stattdessen werden sie in obskure »Internate« abgeschoben, wo der Wettlauf mit China und Indien von vornherein verloren scheint. Den Politikern scheinen diese Menschen bisher nahezu gleichgültig gewesen zu sein. Sonst hätte es den Verantwortlichen längst auffallen müssen, dass ein erheblicher Teil der »Generation Samtschleife« seine Jugend nicht in geregelten Verhältnissen verbringt, sondern im Cabrio auf Sylt.

Erschreckend ist der problemlose Zugang zu Alkohol, den diese Heranwachsenden von frühester Kindheit an miterleben. Nicht nur dass Mutti aufgrund fehlender Berufsausbildung und zu hoher Zahlungen vom Ex schon vormittags zum Prosecco greift. Sie schiebt die leeren Flaschen auch noch auf die einzige Leistungsindividualistin im Haushalt: »Die Putze hat mal wieder alles weggesoffen.« So viel Sozialneid prägt.

Aber es ist noch nicht zu spät. Allerdings ist es erschreckend, wenn diskriminierend von der »Oberschicht« gesprochen wird, die ihre Nachmittage und Abende angeblich im Tran vor dem »Oberschichtenfernsehen« verbringt (Pilcher, Astro- und Koch-Shows). Hilfreicher wäre es, differenzierte Formulierungen wie »Menschen mit sozialen Integrationsschwierigkeiten« zu verwenden.

Es kann dem Gemeinwesen nicht gleichgültig sein, ob sich die Erben unserer Dynastien zugedröhnt mit dem Snowboard um den Liftpfeiler wickeln. Wer jetzt noch wegschaut, macht sich nicht nur mitschuldig, sondern sieht es abends in BRISANT sowieso. Auch wenn es unpopulär klingt: Dem Osten darf es nicht länger gleichgültig sein, was am Tegernsee geschieht.

Millionäre

Sie klafft immer weiter auseinander, die soziale Schere in Deutschland. Während ein normaler Krankenpfleger dank Jackpot mit 37,7 Mio. beruhigt die Zukunft planen kann, sieht es für einen durchschnittlichen Aufzugsmonteur schon anders aus.

Gerade mal eine Mio. nimmt der sympathische Gewinner von *Wer wird Millionär?* mit nach Hause. Große Sprünge kann er damit kaum machen. Allein die Bahn erhöht ab 2007 die Preise um fünf Prozent. Macht bei einer Mio. fünfzig Mille, dafür muss eine alte Frau ihr Gestricktes lange ins Netz stellen. Hinzu kommen neunzehn Prozent erhöhte Mehrwertsteuer. Schluck! Das sind satte hundertneunzig Mille. Zusammen mit den Bahntickets ist also bereits fast ein Viertel der Million weg. Dazu noch Haus abbezahlen, Käfer für die Frau und Eis für die Kinder – wir wollen nicht negativ rüberkommen, aber finanziell wäre der frisch gebackene Millionär fast bessergestellt gewesen, hätte er am entscheidenden Abend ZDF geguckt.

Wie anders dagegen mit 37,7 Mio. im Rücken! Wichtigste Frage: Wie legt man das Geld an? Möglichkeit 1: Für 0,7 Mio. mit Freunden und Verwandten lecker essen gehen, die restlichen 37 kommen aufs Festgeldkonto. Fünf Prozent auf fünf Jahre (Einlagensicherung bis 20.000 Euro bei üzgülbüncül.com) macht lockere 1,85 Mio. Zinsen pro Jahr. Da bleibt so mancher Tausender nach Steuern, den man als Krankenpfleger dem Patienten mit einem saloppen »Geht's gut?« auf die frische Narbe knallen kann. Wen interessiert da noch der Gesundheitsfonds? Möglichkeit 2: Rein in die

Powermärkte! Renditen von 500 Prozent sind in Indien und China keine Seltenheit. Um ehrlich zu sein: Sie sind der Normalfall. Da werden aus 37 Mio. schnell mal 180. Pro Jahr. Und im Jahr drauf natürlich 900. Ätsch, Herr Steinbrück. Und das Wetter ist auch noch besser. Natürlich gibt es ein paar kleinere Unbekannte (Rechtssicherheit, Währung, politische Stabilität usw.), aber: No risk, no fun.

Das dritte Szenario jagt uns, zugegebenermaßen, eine Flut von Schauern über den Rücken. Es könnte dazu führen, dass eines Tages beim abendlichen Pils auf den Dauercamperplätzen an der Ruhr die Frage gestellt wird: »Sach ma, dieser Krankenpfleger, wie ist der eigentlich an die 370 Milliarden gekommen?« Pause. In der Ferne gurrt eine Taube.

»Rohstoffe. In Venezuela.« – »370 Milliarden?« – »Nä. 500 Millionen. Aber davon hat er Schalke gekauft, und dann haben die ja zehn Jahre hintereinander die Schämpionslieg gewonnen. Da kommt schon was bei rum.« Glück auf.

Mein Airbus

Wenn ich in diesen Tagen Wirtschaftspolitiker in Deutschland wäre, gäbe es nur einen denkbaren Auftritt: mit dem BenQ-Handy am Ohr die Gangway eines Airbus hinabschreiten, der zwei Tage vor dem vereinbarten Termin geliefert wurde.

Bin ich aber nicht. Bin nur ein ganz normaler Airbus-Kunde, der sein Leben lang hart gearbeitet hat, bisschen was auf die Seite gelegt, um sich den Kindertraum zu erfüllen: einen eigenen Superairbus! Wir Airbus-Kunden hatten bisher nur eine Angst: dass es klingelt, der neue Vogel steht vor der Tür, und wir sind nicht zu Hause. Dann steht das Riesenteil auf der Straße rum, die Nachbarn zerreißen sich 's Maul, und die ungezogenen Gören machen Tapser mit den Fingern.

Denn der neue Superairbus weckt Neid. Das habe ich schon im vergangenen Sommer gespürt, als ich mir zum Weekend-Tarif einen zwecks Probeflug in Hamburg geholt habe (Fr. 12 Uhr bis Mo. 9 Uhr, 800.000 Euro inkl. unbegrenzte Flugkilometer). Mein alter war zwar noch ganz o.k., aber die Matratzen in den Bettenlandschaften waren doch arg durchgelegen, und der Kinderwagen stand dauernd irgendwie beim Dutyfree-Verkauf im Weg. Und drei der fünf Jacuzzis schwappten beim Durchbrechen der Schallmauer über. Patriot, der ich nun mal bin, gab ich nach dem Rundflug über Schleswig-Holstein (einschließlich spontanem Tiefflug über Amrum) einen Flieger in Auftrag. Denn Airbus ist für mich eine Hamburger Traditionswerkstatt, die aus Gutmütigkeit die Rotweinfraktion in Toulouse mitschleppt. Es war nicht mal notwendig, einige Spezln im bayerischen Kabinett zu Solidaritätskäufen aufzufordern (Weihnachtsüberraschungen und so).

Denn der neue Airbus ging weg wie warmes Baguette. Die Geschäftsleitung wurde die Bestellungen schneller los als Siemens seine Handy-Abteilung. Vor allem mit besserer Rendite. Und jetzt das! Die Aktie entwickelt sich, als hätte man die Bundesligarechte verloren. Ohne Rücksicht auf Religionszugehörigkeit müssen die Kunden warten. Und der Firmensitz in Frankfurt kriegt irgendwie so was Taiwanesisches.

Da kann es nicht überraschen, dass unser Blick auf Asien fällt. Droht dem heimischen Flugzeugbauer jetzt, was die Autoindustrie bereits hinter sich hat? Motto: Design gewöhnungsbedürftig, aber fünf Jahre Garantie! Wer mit dem Familienvan gute Erfahrungen gemacht hat, sagt sich vielleicht bald auch beim eigenen Großraumjet: Der nächste kommt aus Korea. Ob Süd oder Nord, da sind jetzt die Ministerpräsidenten gefordert. Natürlich parteiübergreifend.

IT-Nachwuchs

Was ist bloß mit unserer IT-Branche los? Schlusslicht! Stellen können nicht besetzt werden! Kaum junge Menschen, die in die Zukunftsbranche Nummer eins drängen.

Das war mal anders. Sie waren nicht gewaschen. Sie waren nicht rasiert. Aber sie wollten und bekamen einen Job, die Computerfreaks zu meiner Zeit, damals, als Bismarck befahl, den Laptop zu erfinden. Damals waren Computer so groß wie Kühlschränke, und das engagierte politische Kabarett in Deutschland warnte vor den Auswirkungen dieser Höllenmaschine.

Wer Informatik studierte, hatte keine Freundin. Saß mit anderen Zauseln im elterlichen Keller und lötete irgendwas mit Drähten rum. Vor allem gab er die Mathearbeit nach zehn Minuten ab – Ergebnis: Eins mit Stern – und ging dann für ein Pfeifchen auf den Pausenhof. Sämtliche Aufgaben waren übrigens auf einer knappen DIN-A4-Seite gelöst (bei mir waren es sechs, die Fehler und hilflosen Stümperansätze brauchten irre viel Platz). Der Lösungsweg war nur schematisch skizziert, der Rest fand im Kopf statt. Dem des Schülers. Der des Lehrers glühte, als er an seinem Pult nachrechnete. Und jetzt will keiner mehr in diese Branche? Liegt es daran, dass auch viele deutsche Politiker IT immer noch für ein schrumpeliges Wesen mit ausgestrecktem Finger halten, das nach Hause will? Höchste Zeit also, dass die Kanzlerin vom IT-Gipfel in Potsdam herab mehr Begeisterung und Kreativität befohlen hat. Zur Belohnung soll es dafür 1,2 Mrd. Euro Fördermittel geben. Ein leckeres Sümmchen, für das wir bei Google an guten Tagen schon mal irgendeine komplette Tube.com kaufen. Vor allem Mädchen sollen für die Zukunftstechnologie begeistert werden. Sehr vernünftig, wenn man an die Konkurrenz – muss man es noch extra erwähnen? – aus Indien denkt, wo barfüßige Kinder im Reisfeld mit links eine Kobra melken und rechts neue Software entwickeln. Kein Wunder, wo doch in Deutschland eine Firmengründung zehn Jahre dauert, in Indien dagegen zwei Sekunden.

Ich persönlich habe von IT natürlich null Ahnung, war aber immer schon ein Fan von Hasso Plattner, dem Mitbegründer von SAP und Gründer des Hasso-Plattner-Instituts in Potsdam, seit ich mal gelesen habe, dass er angeblich einen Jumbo gechartert hat, um für den geknickten Mast seiner Jacht Ersatz nach Neuseeland zu schaffen. Das wollte ich auch haben. Deshalb bin ich gleich ins Showgeschäft. Null Risiko, Ausbildung nicht erforderlich, und die beiden einzigen Chinesen, die es in der deutschen Fernsehunterhaltung jemals zu etwas gebracht haben, gehen in Köln wieder kellnern.

Frau Engelen-Kefer

Sie wird uns fehlen! Nein, wir vermissen sie jetzt schon. Ursula Engelen-Kefer wurde abgewählt, von ihrem eigenen DGB. Wer wird uns jetzt in Talk-Shows daran erinnern, dass das Leben kein warmes Bad ist, in welches man hineinsteigt?

Ursula Engelen-Kefer – irgendwie ist man geradezu zwanghaft gezwungen, den Namen immer vollständig auszusprechen, nicht ganz so streng wie »Sigrid Skarpelis-Sperk«, aber doch deutlich ehrfürchtiger als beispielsweise »Heidemarie Wieczorek-Zeul« –, Ursula Engelen-Kefer war ein Stück vertraute Mahnung und Kampfbereitschaft in einer globalisierten Welt, die mit ihren rasanten Umwälzungen gerade uns Gewerkschaftler verunsichert und ängstigt. Die Welt. Wann immer wir Frau Engelen-Kefer in einer Talk-Runde sahen, stellten sich sofort zwei Fragen: Wie trägt sie das Haar heute? Und: Wie viel genau nach zwölf ist es? Den ewigen Schüler in uns hat sie an eine Lehrerin erinnert, die einem in der Oberstufe blühen konnte: Wartet nur, nach den Sommerferien, dann kriegt ihr die Engelen-Kefer in Physik. Oder in Deutsch und Mathe. Dann ist Schluss mit lustig und Schwafelthemen, dann gibt's nur noch Brecht und Lessing, und Ellipse mit Mittelpunkt nicht im Ursprung wird in zwei Tagen durchgezogen. Die hat noch jeden kleingekriegt. Knüppelhart, aber fair. Die Stunden bei Engelen-Kefer waren voll der Hammer-Stress, aber die hat auch die größte Flachpfeife durchs Abi gekriegt. Und jetzt also abserviert, nach gerade mal sechzehn Jahren, als wär's ein Altkanzler, der keine Namen nennt. »Zu alt und zu orthodox.« In DGB-Kreisen scheint als Makel zu gelten, was im Vatikan Conditio sine qua non ist. Aktive Beschäftigungspolitik, solidarische Finanzierung der Sozialversicherung, Mindestlöhne, Kündigungsschutz – wer soll uns das jetzt entgegenhämmern, sonntags, nach dem »Tatort«? Denn wenn auch das Attribut »nervig« im Zusammenhang mit Frau Engelen-Kefer nicht in den Bereich des Unberechtigten verwiesen werden kann: Oft haben wir applaudiert, wenn sie einen öligen Generalsekretär so richtig runterlaufen ließ.

Was bleibt, sind Sommer und Peters. Zwei Gewerkschaftsgiganten, die Lust auf Zukunft machen. Nehmen wir Bsirske noch dazu, dann trennt dreierteammäßig DGB und DFB nur ein Buchstabe. Allerdings muss beim DGB noch passieren, was beim DFB schon sensationell funktioniert hat: radikaler Umbau, totale Entkrustung und eine Philosophie, wo voll die Leistung abruft. Auf jeder Plattform. Frei nach Oliver Bierhoff: Beim DGB hat man die Möbel jetzt rausgestellt. Was bleibt, ist der Teppich. Brandlöcher, Rotweinflecken und Ansätze von Schimmel, wo bisher die Couch gestanden hat. Jetzt muss man dorthin gehen, wo's wehtut.

Kulslutsch

Das haben wir kommen sehen: den größten Kursrutsch der letzten zehn Jahre in China. Und wenn in China die Blase platzt, schwappt es gern mal zu uns rüber.

Uns erfahrene Broker kann diese überfällige Korrektur natürlich nicht beeindrucken. Schließlich hat der Markt immer recht, und die Verluste stehen nur auf dem Papier. Eine ganz wichtige und sehr goldene Börsenregel: Verluste stehen immer nur auf dem Papier, und Gewinne schlagen sich nur mittelbar in Barem nieder. Auch wenn wir keine einzige Aktie verkaufen. Traditionell ist der Dienstag nach Karneval in Deutschland ein gefürchteter Termin an den Börsen. Diese Behauptung ist durch nichts unterfüttert, aber Börse ist auch in hohem Maße irrational. Ebenso stehen erste Untersuchungsergebnisse amerikanischer Wirtschaftsnobelpreisträger noch aus, die den ziemlich goldenen Satz *Go away in May* auf die Klimakatastrophe hochrechnen. Haben wir nicht Temperaturen wie einst im Mai? Und kann man im frisch renovierten, futuristisch anmutenden Frankfurter Börsensaal nicht durcheinanderkommen mit den Zeiten? Und schon schätzt man die Zahlen aus Shanghai falsch ein und reagiert panisch wie die Hausfrau, welche in längst vergangenen Zeiten ihre gesamte Altersvorsorge in Yellow Bubble investiert hat.

Wir, die führenden Chefanalysten, bleiben nüchtern und sehen einen zyklisch gereinigten Korridor mit breiten Schultern, auf denen der DAX Luft von 2174 bis 12.913 Punkten hat. Dabei sind die Faktoren Ölpreis und CO_2-Werte schon rausgerechnet.

Hinzu kommt, dass Chinesen generell zu spontanen Extremreaktionen neigen: Mal wird ein Staudamm geöffnet, mal rauscht der Index nach unten – das Reich der Mitte ist mit mitteleuropäischen Maßstäben nur schwer zu begreifen. Deshalb heißt es jetzt, Ruhe bewahren. Führende Analysten haben Papiere, die in der Vorwoche noch mit »kaufen, was das Zeug hält« bewertet wurden, jetzt runtergestuft auf »sofort verheizen«. Das klingt zumindest überlegenswert, schließlich sagen Experten einen idealen Wiedereinstiegszeitpunkt voraus, wenn der DAX sich voraussichtlich Mitte Juni bei 1500 Zählern konsolidiert hat. Es empfiehlt sich, hierfür jetzt schon einen Kredit aufzunehmen, denn bald sollen die Zinsen steigen, wie man so hört. Und der goldenste aller Sätze heißt ja: Ein fallendes Messer klingelt nicht!

Aktienanalyse

Ausgefuchste Anlageprofis haben den 29. Dezember dick in ihrem Kalender angestrichen: Dann ist die Jahresendrally gelaufen, dann werden Gewinne mitgenommen, es wird verkauft.

Schön, wenn man über solches Spezialwissen verfügt. Da lässt sich dann auf der Züricher Bahnhofstraße manch schmuckes Präsent für die Gattin erwerben. Zumal einem hierzulande der Fiskus immer schamloser in die Hose greift. Denn die Taschen sind ja bekanntlich leer.

Kleiner Einwand: Was, wenn der DAX im nächsten Jahr locker über die 7000 geht, was mindestens so viele Analysten für wahrscheinlich halten wie einen steilen Absturz in Richtung 5000? Hier ist sorgfältige Analyse gefragt, die sich für mich als erfahrenen Stammtisch-Broker auf vier Beine stützt.

1. Vergessen Sie bei den BRIC-Staaten das B. Steht für Brasilien, und (R)ussland, (I)ndien und (C)hina sind die kommenden Superwirtschaftsnationen. Wenn Sie überhaupt schon mal wissen, was die BRIC-Staaten sind, wirft Ihr Sparkassen-Berater die Prospekte mit den hauseigenen Produkten mit schweißnassen Händen in den Papierkorb.

2. Die Wirtschaft brummt. Muss nicht näher begründet werden. Kann jeder hören.

3. Sagen Sie einfach »Indien«. Das genügt, um Sie als Insider zu qualifizieren. Wenn Sie dann im Zusammenhang mit Schulsystemen noch »Finnland« draufhaben, zählen Sie eindeutig zu den Gewinnern der Globalisierung. Kein Thema übrigens, sollten Sie Indien und

Finnland verwechseln. In fünf Jahren haben Sie auch damit recht.

PS: Murmeln Sie ruhig auch geheimnisvoll irgendwas von einer »Achse China–Afrika«. Als Rohstoff-Guru wird man Sie um kleinste Hinweise anbetteln.

4. Liquidität. Ist in rauen Mengen vorhanden, und Sie wissen es. Je nachdem, ob in Ihrer geselligen Runde mehr Bier- oder Weintrinker sitzen, begründen Sie die Liquidität mit Erbengeneration oder Private Equity. Man wird Sie per Generalvollmacht auf einer Speisekarte ermächtigen, über Fremdmillionen im dreistelligen Bereich zu verfügen.

Irgendwann wird man Sie konkret nach einzelnen Aktien fragen. Waren die 70, 80 Prozent Kursgewinn bei VW seit Jahresanfang zu ahnen? Zunächst sagen Sie: »Bei dem Dollar-Kurs.« Eigentlich genügt das, Ihr Gesprächspartner wird Schuldgefühle entwickeln, denn das mit dem Dollar hätte er auch wissen können. Aber dann schieben Sie – und bitte mit einem Lächeln – hinterher: »Und die Schreiereien in den Wolfsburger Büros waren nun wirklich nicht zu überhören.«

Dann zahlen Sie und gehen. Denn auf die Zinsentwicklung bei der EZB sollten Sie in den nächsten 60 Minuten reagieren. Online. Aber das kriegt Ihr Gesprächspartner nicht mehr mit, weil er grübelt, ob Klaus Augenthaler Krach mit der Vereinsführung hat und was das mit dem Aktienkurs zu tun haben könnte.

»Warum ist das Ausland verrückt nach uns?«

Weltreisende, Akademiker und andere Problembären: Traumziel Deutschland

Fremde Länder bestehen im Wesentlichen aus drei Dingen: Mücken, Kriminalität und Durchfall. Verständlich, dass bei solchen Aussichten die Reiselust ungebrochen ist.

Die komfortabelste Reiseart sind Kreuzfahrten. Schon mehrfach wurde ich von Illustrierten angefragt, darüber zu schreiben. Ich habe es immer abgelehnt, denn man müsste dabei die Namen von Schiffen und Reedereien nennen, und zwar durchaus in positivem Zusammenhang. Dabei handelt es sich dann eindeutig um Werbung, und die muss bezahlt werden.

Ein einfaches Rechenbeispiel belegt, warum sich solche Artikel ebenso wenig lohnen wie die Auftritte auf den Schiffen gegen Gratisreise.

Eine durchschnittliche Kreuzfahrt kostet pro Person zehntausend Euro. Angeblich geht's auch billiger, aber ich schreibe hier für die Klientel des Verlages Kiepenheuer & Witsch *und nicht für irgendwelche Verwandte, die sich darüber freuen, dass der Neffe seine Stadtteilbegabung in einer lokal begrenzten Taschenbuchreihe austoben kann.*

Also zehntausend Euro. Dafür müsste man als Conférencier zweimal pro Reise auftreten. Die nächsthöhere Degradierungsstufe ist der Lektor. Als solche werden auf Schiffen einerseits die Fachleute in Sachen Geographie und Geschichte bezeichnet, die ich durchweg als sehr interessant und kompetent erlebt habe.

Von ihnen soll hier aber nicht die Rede sein, sondern von jenen Prominenten, die vor Publikum Rot-

wein trinken und zwischen den Flaschen mal vereinzelt Sätze aus Büchern vorlesen.

Sie werden von den Passagieren verachtet, weil sie die Reise für lau bekommen und eigentlich nicht in den Tageslichtbereich der Schiffe gehören. Fotografieren lässt man sich aber gern mit ihnen, weil sie fernsehbekannt sind und zu Hause Eindruck schinden.

Wenn wir also für einen normalen Galaauftritt hundertfünfzigtausend Euro veranschlagen, kommen wir bei zwei Auftritten auf dreihunderttausend. Dagegen setzen wir die zehntausend Euro Reisekosten, macht ein Minus von zweihundertneunzigtausend Euro.

Da die meisten Künstler nicht rechnen können, fällt ihnen das aber nicht auf, und sie erzählen einem ständig was von Traumreise und dafür bloß zweimal auftreten.

Grundsätzlich gilt: Meiden Sie bunte Schiffe und solche mit mehr als vierhundert Passagieren.

An anderer Stelle habe ich bereits auf das Buch von David Foster Wallace hingewiesen, die beste Lektüre zum Thema.

Vereinzelt haben mich Leute darauf angesprochen, die das Buch gelesen, aber nicht sooooo toll gefunden haben. Der Grund war klar: Sie haben es nicht kapiert.

Es war der Typus, der bei einer 5-tägigen Mittelmeerkreuzfahrt keinen Landausflug auslässt.

Standardbeispiel: Von Livorno aus mit dem Bus in die Uffizien.

Drei Stunden hin, vier zurück, und in Florenz noch zwei Stunden in der Schlange kapituliert.

Andererseits: Gäbe es solche Menschen nicht,

hätte ich niemals das Gefühl kennengelernt, ein Schiff mit dreihundert Mann Besatzung mit nur zwanzig anderen Passagieren teilen zu müssen. So ähnlich muss sich Onassis gefühlt haben, als die Callas im Zwischendeck heulte.

In Sachen Landausflug ist meine Erfahrung: Was man von Deck 7 aus im Hafen sieht, reicht. Mehr haben die Länder eigentlich nicht zu bieten. Falls doch, zerstört es das romantische Bild, das man sich von ihnen gemacht hat.

Wenn Sie Spaß an Bewusstlosigkeit haben und Blut, das plötzlich aus der Nase schießt, können Sie natürlich einen zweitägigen Ausflug zum Machu Picchu unternehmen.

Falls Sie unter vierhundert Mückenstichen nicht nach Hause kommen wollen, ist eine Wanderung im Milford Sound (Neuseeland) ein unvergessliches Erlebnis.

Ansonsten ist das Phantastische an einer Kreuzfahrt, dass Sie auch mitten im Südpazifik oder bei Windstärke 9 auf dem Atlantik Westeuropa oder die USA nie verlassen.

Während die Eifrigen irgendwo in der chilenischen Wüste sich auf allen vieren einer halb vollen Flasche Sauerstoff nähern, hören Sie pünktlich um 11:00 a.m. die zentrale Frage an Bord: »Good morning, Sir. A glass of champagne?«

Tourismusbörse

Trotz Müllstreik, Vogelgrippe und Rentenkürzung – der Trend zum Rückflugticket hält an. Immer mehr Deutsche wollen auch in diesem Jahr nach dem Superschnäppchenurlaub in die Heimat zurückkehren.

Dies ist nur eine der interessanten Entwicklungen, die im Rahmen der diesjährigen Internationalen Tourismusbörse zu vermelden sind. Ansonsten mehren sich die Anzeichen dafür, dass wir in diesem Jahr wieder Reiseweltmeister werden können. Egal ob Mallorca, Ibiza oder Türkei – wer rechtzeitig bucht und clever kombiniert, macht diesmal Sommerurlaub fast umsonst. Einziger Wermutstropfen: Man verbringt ihn dann auf Malle, Ibiza oder in der Türkei. Fast ein Drittel aller Urlauber (17 Prozent) buchen inzwischen im Internet. Dies ermöglichen vor allem die idealen Bedingungen an deutschen Arbeitsplätzen. Hatte man früher im Schnitt nur 18 Minuten pro Tag für private Aktivitäten (siehe Ver.di-Streik), so ist man heute dank modernster Kommunikationstechnologie gegen elf Uhr morgens mit der Arbeit fertig und kann bis Dienstschluss im Web surfen.

Beste Ausgangspositionen haben dabei die Frühbucher. Wer etwa heute schon weiß, dass er Ostern 08 im Jemen wandern möchte, kann die einzelnen Angebote geschickt kombinieren. Dabei bleibt die Rückkehr im Regierungsjet die Ausnahme. Der Trend heißt vielmehr: billig fliegen und fünf Sterne wohnen. Wobei der erfahrene Reisende sich wundern mag, an welchen Billigflugzielen 5-Sterne-Hotels zu finden sind. Aber vielleicht verbringen mehr deutsche Familien als vermutet ihren Urlaub mitten in Rom oder Mailand, wo sich die Luxushotels tatsächlich auf die Füße treten.

Ansonsten könnte der kleine Zusatz »landesüblich« vor langwierigen juristischen Auseinandersetzungen nach Reiseende schützen. Fakt ist: Der Augenblick, in dem die erste Billigfluggesellschaft ihren Passagieren Geld für eine Buchung anbietet, steht kurz bevor. Wer 100.000 Flüge für null Euro ins Netz stellt, dem verübeln die Passagiere auch nicht, wenn noch Steuern, Flughafen- und Sicherheitsgebühren draufkommen, mit Sternchen unten und etwas kleiner gedruckt. Wenn man bedenkt, welche Strapazen Captain Cook oder Amundsen auf sich genommen haben – sie hätten für einen Abflug ab Hahn um fünf Uhr früh auf Knien gedankt.

Trotz aller Sehnsucht nach der Ferne: Bei Urlaub von mehr als fünf Tagen heißt das Traumziel noch immer Deutschland. Hier vor allem Bayern, Mecklenburg-Vorpommern und Schleswig-Holstein. Vernünftige Investitionen in aufregende Erlebnisparks haben sich hier mehr als gelohnt (zum Beispiel das Schnee-und-Schwan-Ticket für Familien, bei gleichzeitiger Buchung von Sommer- und Winterurlaub auf Rügen und in Oberbayern).

Nicht zuletzt ist dies auch das Ergebnis fachkundiger Beratung in den Reisebüros, wo demnächst nicht mehr das Wohin im Mittelpunkt stehen soll, sondern das Warum.

Nobelpreise

Du bist Deutschland, Papst sind wir seit dem Frühjahr und jetzt auch noch Nobel – kein Wunder, dass das Ausland uns beneidet.

Mit ihren diesjährigen Entscheidungen hat die Königlich Schwedische Akademie Herz bewiesen: Endlich mal Nobelpreise fürs Volk. Auszeichnungen, mit denen unsereins was anfangen kann: für Laser und Helicobacter.

Gut, Mr Warren und Mr Marshall, die Entdecker des Helicobacter sind Australier, Hauptbetroffene des kleinen bakteriellen Bösewichts sind aber die Deutschen. Dem Australier schlägt kaum was auf den Magen, was jeder bestätigen kann, der auf der Wiesn an einem fröhlichen Aussitisch saß. Der Deutsche dagegen muss schon in der Früh magenschonendes Gel aus Alutütchen direkt in den Mund streifen, was wiederum jeder kennt, der schon mal mit der Morgenmaschine innerdeutsch geflogen ist. Wobei es eher für einen Karriereknick spricht, wenn man gezwungen ist, montags kurz nach sechs innerdeutsch zu fliegen, aber das ist ein anderes Thema.

Flüge verpassen ist ab sofort sowieso nicht mehr drin, denn dank des Physik-Nobelpreises für Professor Theodor Hänsch ist die private Atomuhr jetzt tausendmal genauer als bisher. Interessant in diesem Zusammenhang: Nobelpreisträger Hänsch ist ursprünglich ein Professor aus Heidelberg, der nach vielen Jahren in Kalifornien schließlich in Bayern zu höchsten akademischen Würden gelangte. Logisch, dass er kurz nach dem Anruf aus Stockholm ein Flugzeug nach San Francisco bestieg und nicht nach Berlin.

Wie kann sich der Laie ein Bild davon machen, was Professor Hänsch erforscht? Nun, so lesen wir, er macht vor allem genaue Messungen bekannter Dinge, was ihm den kollegialen Spitznamen »Wasserstoff-Hänsch« eingebracht habe. Und Wasserstoff ist nicht gleich Wasserstoff, macht es doch einen gewaltigen Unterschied, ob einer der Wasserstoff-Hänsch vom Max-Planck-Institut ist oder die Wasserstoff-Pieper von der FDP.

Wer genau wissen will, wie lang ein Meter wirklich ist, für den wurde ein Frequenzkammgenerator entwickelt (270.000 Euro). Unter den ersten Kunden: das österreichische Bundesamt für Eich- und Vermessungswesen (Geht's um den präzisen Abstand zur Türkei?). Dank solcher Wissenschaftler – wie Professor Hänsch – ist es im Forschungsparadies Deutschland jetzt möglich, die Frequenz einer Lichtwelle auf 14 Stellen hinterm Komma zu berechnen, 16 sind demnächst drin! Und das bei unserer Unbeweglichkeit und unserer Bürokratie! Da müsste es doch wirklich möglich sein, mit bloßem Auge zu erkennen, welche Partei vier Bundestagsmandate mehr hat. Ansonsten hat das Max-Planck-Institut vielleicht noch einen Taschenrechner frei.

Bruno

Was soll jetzt bloß das Ausland von uns denken? Gerade jetzt, wo wir uns als grundsympathisches Feiervolk präsentieren, patriotisch ohne einen Hauch von Nationalismus, weltoffen, lebensfroh, geschichtsbewusst, tolerant, gastfreundlich – mit zwei Worten: geradezu übermenschlich. Just in diesen Tagen nun wird Braunbär Bruno erschossen.

Unsere Edelfedern haben unmittelbar nach dem Schuss bereits alle nur erdenklichen Parallelen gezogen, vom Migrationshintergrund über schwere Jugend bis hin zu fehlender Integration und pelziger Parallelgesellschaft. Auch der Klassiker »Bärendienst« wurde nicht vergessen, den der bayerische Umweltminister dem Land und der Republik damit angeblich erwiesen hat. Da ist es nur folgerichtig, dass die bayerische SPD (ähnlich bedroht wie Braunbären, aber harmlos und nicht zum Abschuss freigegeben) den Rücktritt von Minister Werner Schnappauf fordert.

Dieser wiederum weilt derzeit auf Dienstreise in China, wo es in Sachen Umwelt- und Tierschutz für einen deutschen Landespolitiker tierisch viel zu lernen gibt. Wenn es um den Schutz bedrohter Arten geht, sind unsere chinesischen Freunde bereit, ganze Staudämme in die Luft zu jagen.

Allerdings dürften auch im Nicht-WM-Teilnehmerland China die Reaktionen auf die Exekution von Bruno vernommen worden sein. Sie reichten von »verwundert« (Sigmar Gabriel, eine Art Bundes-Schnappauf) bis »Bedauern über den Tod« (Kanzler Schüssel, Österreich). Unbestätigten Berichten zufolge soll Präsident Bush mit den Tränen gekämpft haben. Schade eigentlich, dass jetzt kein Wahlkampf ist. Mahnwachen, Wählerinitiativen in Bärenkostümen, angekettet auf dem Marienplatz, bis hin zu russischen Hilfstruppen, vermittelt von Altkanzler Schröder dank seiner Freundschaft mit Präsident Putin. Die hätten Bruno anders in den Griff gekriegt als die Pisa-Streber aus Finnland. Doch halt! Vielleicht ist solche Denkweise zu zynisch! Natürlich fehlte es auch nicht an philosophischen Kleintraktaten, welche uns auf die bedenkliche Entfremdung von Mensch und Natur hinwiesen. Was uns wild und fremd erscheint, wird beballert. Kuscheln mit dem Teddybär, ja – organisches Miteinander mit dem real existierenden Braunbär, peng.

Und hat sich schon jemand Gedanken um die beiden Lämmchen gemacht, die jetzt als Waisen aufwachsen müssen, weil Bruno kurz vor Schluss noch ihre Mutti gerissen hat? Grausame Natur, auch ohne Schnappauf!

Akademikermangel

Man will uns einreden, wir hätten zu wenig Akademiker. Daran erkennt man, dass der Sommer vorbei ist, denn jedes Jahr pünktlich nach dem meteorologischen Herbstbeginn warnt die OECD vor Akademikermangel in Deutschland.

Dabei brauchen wir keine neuen Studierten, wir haben genug. Lehrer, Zahnarzt, Computerfritze – jeder hat einen. Mindestens. Was fehlt, sind Leute, die auch mal mit anpacken. Handwerker und so. Denn im Weinberg gibt es jede Menge zu tun. Diese biblische Anspielung ist kein Zufall, denn Kenner der Schrift werden bestätigen, dass sich beispielsweise unter den zwölf Aposteln kein einziger Akademiker befand. Petrus, einer der Vorgänger von Benedikt XVI., war ein einfacher Fischer. Josef (der von Maria) Zimmermann. Da ist es auch kein Widerspruch, dass es sich beim aktuellen Papst um einen Akademiker reinster Prägung handelt. Im Gegenteil: Seine Gastvorlesung an der Uni Regensburg zeigte schmerzlich, woran es dem normalen Studienbetrieb fehlt. Zu sachlich, zu wenig Emotion. Welcher Professor erlebt schon Standing Ovations beim Betreten des Hörsaals? Warum singt nicht öfter mal ein Chor aus frischer Kehle »Vivat«, bevor der Prof ans Pult tritt?

Bei mehr Festlichkeit und kontemplativer Atmo in unseren Hörsälen wären auch mehr junge Menschen bereit, den dornigen Weg eines Studiums zu gehen, anstatt sich dem vergänglichen Aktionismus eines nicht akademischen Lebenswandels hinzugeben. Weniger Akademiker als bei uns gibt es nur in Tschechien, der

Türkei und natürlich in Österreich. Das hätte man auch ohne teures Rumgeforsche gewusst: Drei Nationen, die überwiegend in Brauchtum und Tourismus zu Hause sind, warum sollten die ihre Zeit in muffigen Auditorien verbringen? Vor allem in Österreich, wo 92 Prozent der Bevölkerung als Skilehrer oder Burgschauspieler tätig sind, wäre ein Studium geradezu ruinös fürs Image.

Die OECD soll sich also bitte weiter um den Ölpreis kümmern, da hat sie uns bisher nicht gestört.

Wer hierzulande unbedingt studieren will, kann sich für den Anfang ja mal einer Hausarbeit mit folgendem Titel widmen: Finden Sie heraus, an welcher Stelle in Artikeln über die doofen Deutschen spätestens der Begriff Finnland auftaucht!

Panamakanal

Halbmond über Colón. Am Horizont der karibischen Nacht funkeln die Lichter an der Einfahrt auf der atlantischen Seite des Panamakanals. Es wird gefilmt und fotografiert, aus meiner Sicht ins Stockdunkle hinein.

Aber ich bin Laie, und in der digitalen Nachbereitung sind sicherlich kleine Wunder möglich. Was das Motiv angeht, wäre es auch auf der Autobahn zwischen Köln und Bonn zu haben, Richtung Wesseling. Irgendwie ähneln sich weltweit alle nächtlich beleuchteten Industrieanlagen. Um vier Uhr morgens wird der Anker gelichtet. Ich überlege kurz, ob ich die Umstehenden mit einem spontanen Referat erfreuen soll. (Das Entscheidende am Anker ist die Kette. Ihr Gewicht hält das Schiff.) Aber die Stimmung ist nicht danach. Kommen, knipsen, schweigen. Ist es die Ehrfurcht vor einer der größten menschlichen Leistungen? Oder ist es der Restalkohol vom Vortag?

Als sich das Schiff der Gatún-Schleuse nähert, kommen immer mehr Spätaufsteher. Aber die erste Reihe an der Reling ist besetzt, und man steigt schlaftrunken auf die flachen Liegen. Fast eine Todesfalle, wie sich zeigt. Denn beim Tritt aufs Kopfende knallt das Fußende Richtung Stirn. Physik auch hier. An Bord des Forschungsschiffs »Jack Sparrow«, auf dem ich reise, herrscht der Geist eines Alexander von Humboldt. Ständig laufen Experimente. Medizinische zum Beispiel: Auswirkungen auf das menschliche Gehirn, wenn ohne Kopfbedeckung in Äquatornähe bereits mittags eine Flasche Weißwein in praller Sonne getrunken wird. Oder mathematische: Wie viele Kubikmeter Scampi und Kartoffelsalat vom Büfett lassen einen Teller von 30 Zentimeter Durchmesser komplett verschwinden? Beim Anblick der Ananasscheiben fällt mir General Noriega ein, lange Jahre ein eng mit den USA befreundeter Machthaber, der Stabilität rund um Panama garantierte. Derzeit im Gefängnis in Florida. Gibt es Kleingedrucktes in den Freundschaftsverträgen mit den USA, das diese Diktatoren in der ersten Euphorie überlesen und welches später gegen sie verwandt wird?

Gegen Mittag, beim Verlassen des Stausees, schwächt sich das Expertentum ab. Nein, die kleinen Loks ziehen das Schiff nicht komplett durch den Kanal. Das Schiff wird auch nicht komplett auf Schienen verladen. Und selbst an den schmalsten Stellen des Kanals sind keine Dschungelmenschen mit bloßen Händen zu greifen. Und überhaupt: Schleusen ham wa auch in Brandenburg. Gleich kommt der Pazifik.

Mein Leguan

Der peruanische Küstennebel lichtet sich, und auch Mojito ist erleichtert: Edmund Stoiber konnte die feindlichen Kräfte noch einmal besänftigen und bleibt im Amt bis September.

Mojito ist mein persönlicher Leguan, der mir während einer Ballettprobe im ecuadorianischen Quito zugelaufen ist. Seither schläft er auf dem Lüftungsschacht über meiner Minibar und unterstützt mich bei der Morgentoilette. Denn einer alten Inka-Legende zufolge verjüngt der Morgenstrahl des Leguanurins die menschliche Haut um bis zu 20 Jahre.

Abends schauen Mojito und ich die Nachrichten der Deutschen Welle. Bei Angela Merkel vor dem EU-Parlament oder Peter Hartz auf dem Weg ins Gericht wirkt die Latinoechse schläfrig bis desinteressiert. Aber kaum kommen Bilder aus Wildbad Kreuth, hebt mein Leguan das schuppige Haupt und fängt behaglich an zu schnurren. Direktes Balzverhalten legt er an den Tag, sobald Markus Söder auf dem Bildschirm erscheint. Ist es der südländische Typus des Generalsekretärs, der auf Mojito so stimulierend wirkt? Oder versteht er gar den Text?

Im sanften Dauernebel meiner ganz persönlichen Malaria-Prophylaxe (Pils, Margarita und Burgunder in täglich wechselnder Reihenfolge) höre ich folgenden Satz: »Ich bin fest überzeugt, dass Edmund Stoiber auch weiterhin das Vertrauen einer breiten Basis genießt.« Eine ähnliche Überzeugungskraft hatte auf mich zuletzt Comical Ali, der letzte Informationschef von Präsident Hussein, der ein leidenschaftliches

»There is no war« in die Kameras rief, als wenige Meter hinter ihm schon die US-Panzer vorbeirollten.

Wir Südamerikaner hatten uns so gewünscht, dass MP Stoiber seinen erfolgreichen Pfad noch lange hätte weiter beschreiten können. Zu schlagen waren die 48 Jahre, in denen Fidel Castro das Beste für sein Land herausholt. Und bei Präsident Stoiber ist nicht mal ein Bruder in Sicht, der im Falle leichter Unpässlichkeiten vorübergehend die Amtsgeschäfte führen könnte.

Passiv rauchen

In der Bahn reise ich neuerdings gern im Raucherabteil. Nicht im Großraumwagen, wo der Qualm sich wirkungslos verteilt. Sondern im klassischen Abteil, wo es so zugequalmt ist, dass man erst nach einigen Minuten ungefähr abschätzen kann, wie viele Reisende sich im Raum befinden.

Das Leading Raucherabteil of the World befindet sich jedoch zweifellos in der Spitze des ICE, unmittelbar hinter dem Lokführer. Luststeigernd wirkt es, wenn zwei ICE zusammengekoppelt sind und man rückwärts von Köln nach Frankfurt rast und gewissermaßen führerlos auf den Triebkopf des hinteren ICE schaut, wo ebenfalls eine hohe Raucherdichte vermutet werden darf.

Den Rauchern gehört meine tiefe Sympathie. Ich selbst rauche nicht mehr. Wegen Kopfweh und Husten und Scheißgeschmack im Mund und so. Aber in Zeiten von Blutdruckwochen, Darmmonat und Body-Mass-Index haben die gnadenlosen Überzeugungsqualmer unsere tiefe Bewunderung verdient. Ich rede nicht von den blöden Teenies, denen das erbarmungslos veraltete Arschgeweih jetzt als Stempel ewiger Blödheit morgens aus der Jeans quillt, während sie sich an der Bushaltestelle eine anzünden. Das sind leidenschaftslose Moderaucher, so wie Heteros aus Ostwestfalen, die plötzlich tölen und schwuchtelig mit der Hand winken, bloß weil sie ein Praktikum bei einer Filmfirma machen. Meine Bewunderung gilt der Rauchergeneration 50plus, die sich trotz gelber Augen, grauer Haut und Atemnot morgens um sieben im ICE genüsslich eine anzündet. Kein anbiederndes »Eigentlich wollte ich schon lange aufhören«. Keine dienerische Geste im Sinn von »Weiß, es ist schwachsinnig«. Mit traumwandlerischer Sicherheit wird die Kippe angesteckt, noch bevor der Zug den Bahnhof verlassen hat. Tief sauge ich den Passivrauch in die Lungen und hoffe, dass mein Anzug später nach Rauch riecht. Nach kaltem. Noch lange. Geraten zwei Raucher ins Gespräch, so auf der Höhe von Siegburg, dann kommt es meistens schon in den ersten Tunnels zum Dreiklang aus Sprechen – Husten – Schleimschlucken. Von mir innigst herbeigesehnt. Denn echte Raucher geraten dadurch nicht aus dem Rhythmus. Ebenso wenig durch die Variante Lachen – Würgen – nach Luft ringen.

Die Bundeskanzlerin sollte ihre Ministerpräsidenten mit einem Raucherschutzprogramm überraschen. Mit Helmut Schmidt als Kommissionspräsident. Man kann es förmlich riechen: Je mehr Nichtraucher, desto größer die Politikverdrossenheit. Ein Ludwig Erhard, ein Willy Brandt haben die Wähler förmlich in die Kabinen hineingesogen, mit jeder Fluppe, die sie sich in ihr Volksparteienvorsitzendengesicht gesteckt haben. Saubere Luft und keine Wähler – das geht an die Wurzeln unseres demokratischen Systems. Feuer?

Container

Mit großer Freude hören und sehen wir die Berichte von der südenglischen Kanalküste. Flinke Untertanen Ihrer Majestät plündern gestrandete Container des havarierten Frachters »MSC Napoli«.

Motorräder, Möbel, guter Wein – alles, was im verregneten Inselreich der ehemaligen Weltmacht sonst Mangelware ist, wird in beneidenswerter Solidarität nach Hause geschleppt. Persönlicher Einsatz, Phantasie und ein Schuss Piratentum – hier verlässt sich niemand auf den Staat. Es scheint, als bewahrheite sich auch hier die Erkenntnis eines Winston Churchill, der Erfolg der britischen Marine beruhe auf Suff, Gewalt und Sodomie.

Natürlich wissen wir nicht, was der Reeder empfindet, wenn er die Bilder sieht. Andererseits weiß er ziemlich genau, was derzeit mit seinen Containern geschieht: Sie treiben im Ärmelkanal, und wer es an Land schafft, wird geplündert. Kaum ein Reeder dürfte dagegen schon mal erlebt haben, wie sein Container im eher nüchternen Hafen von Guayaquil (Ecuador) Funken schlägt. Das passiert, wenn Container 1 schaukelnd von einem Kranwagen um die Ecke gefahren wird und gleichzeitig Container 2 auf einem Sattelschlepper unten durchfährt. In jenem elektrisierenden Augenblick, wenn die beiden Metallkörper einander berühren, funkt es glühend auf Containerlänge. Fast wähnen wir Liebende zu sehen, die nach hitzigem Kontakt verbeult und aufgeschlitzt wieder ihrer Wege gehen.

Wie anders dagegen das Containerdasein im peruanischen San Martin! Still und duldsam harren sie in der glühenden Sonne ihres Schicksals. Auch der fanatischste Containerfreak überlegt angesichts solcher Regungslosigkeit, ob er sich nicht einem Ausflug in die 100 Meter entfernte Atacama-Wüste anschließen soll, die sich links bis rechts erstreckt. Dort könnte er die Frage hören: »Gehen wir etwa die ganze Zeit in der Sonne?« Oder doch eine zehnstündige Busfahrt zum höchstgelegenen Süßwassersee der Erde? Seit dem Blitztrip nach Cuzco ist die Gehirnmasse wieder auf Otto Normal geschrumpft, und im Bedarfsfall sorgen die Sauerstoffflaschen im Begleitfahrzeug für Linderung.

Doch Inkas hin, Wüste her – die wahren Geheimnisse lauern gleich nebenan. Oder wüssten Sie auf Anhieb, was mit der »kleinen Kiste voller Mehl« gemeint ist? Bei Sonnenuntergang kommt Klarheit: Die »kleine Kiste« ist ein Laptop, und »Mehl« sagt der weit gereiste Senior, wenn er »Mail« meint. So staubt's nicht mal in der Wüste.

»Bild« goes Berlin

Kann Deutschland so viel Glück vertragen? Nur noch 3,97 Millionen ohne Job, grob gerechnet also ganz Berlin, aber dorthin möchte ja bald die gesamte Redaktion von Deutschlands schnellster, wichtigster, meistzitierter und, ja, schreiben wir es ruhig: bester Tageszeitung ziehen – »Bild« goes Berlin. Am liebsten am 3. Oktober, was früher mal der 17. Juni war, aber der Aufschwung hat dieses Datum irgendwie gleich näher an Weihnachten katapultiert.

Zunächst wurde der Umzugswunsch in aller Bescheidenheit von der Redaktion an den Vorstand herangetragen, aber der war »nicht wirklich entsetzt«, so »Bild«-Titan und Dr.-Kohl-Kenner Kai Diekmann in der FAZ. Die, nur nebenbei bemerkt, im eher beschaulichen Frankfurt/Main bleiben möchte. Und das, obwohl Berlin »eine der wichtigsten Städte der Welt und der Mittelpunkt Europas« ist, das »politische, das kulturelle, das Lifestyle-Zentrum Deutschlands«, so der Erfinder des Megahits »Bild«-Leser-Reporter, Diekmann, ebenfalls in der FAZ. Katastrophal wäre ein Wechzuch von »Bild« natürlich für Hamburg. Ohne den unabhängigen und überparteilichen Meinungsführer versinkt die Heimatstadt von Karl Lagerfeld und Uwe Seeler endgültig im Boulevard. Die Frage muss erlaubt sein, ob ein Wahlkampf in Hamburg überhaupt noch lohnt. Die Abwicklung der Stadt könnte Ole von Beust zügig vorantreiben, der Hafen funktioniert auch ohne City, und wer soll noch Mahlers Neunte in der neuen Elbphilharmonie hören, wenn mit 700 »Bild«-RedakteurInnen auch die kulturelle Elite in den märkischen Sand strebt?

Gut, in Hamburg wird schöner Wohnraum frei. Wo aber nehmen die Neuankömmlinge in Berlin Quartier? Das Heer der Utilités wird irgendwo in Mitte unterkommen oder gleich in der einschlägigen Gastronomie darauf warten, dass die Morgenröte heraufzieht.

Wo aber wohnen die Macher? Wer begriffen hat, dass Tradition nicht in der Anbetung der Asche, sondern im Weiterreichen der Flamme besteht, der wohnt in Potsdam, im recht schmucken Gebiet gleich hinter der früheren Agentenaustauschbrücke. Was man so hört, sollen dort bereits höchste Kreise des Axel Springer Verlags residieren. Eigentlich wäre es ganz praktisch, ganz in der Nähe ... aber andererseits, will man den eigenen Chefredakteur in der Nachbarschaft haben? Zumindest wir beim Fernsehen fraternisieren nicht mit den Domestiken.

PS: Bleibt BamS eigentlich in Hamburg? Oder wohin soll ich die Babyfotos schicken? U. A. w. g.

Klimarettung

Tausend Euro pro Person für einen Flug nach Mallorca sind angemessen. Das sind wir unserem Klima schuldig, gerade auf den Balearen, wo es immer prima war.

Hundertfünfzig für die Reise, der Rest geht an Naturvölker, damit die Isolierung nachgebessert werden kann. Allein was in Indien sinnlos von den Rikschas rausgeknattert wird – davon könnte eine Kleinstadt in Grönland dreißig Jahre lang die Gesamtschulen heizen. Natürlich kam die Klimakatastrophe überraschend, mental waren wir noch auf fünfhunderttausend neue Krippen gepolt. Da wären wir fast mit unserem SUV gegen den letzten Baum gefahren, den sicher auch bald ein weiser Indianer rodet, bevor er merkt, dass er ihn nicht essen kann. Aus dem Autoradio haben wir es vernommen: Spanien bald Wüste, Badeurlaub in Spitzbergen, und trotzdem wird mit dem Billigflieger schnell mal auf 'ne Pizza nach Palermo gedüst. Wächst denn nirgends das Rettende? Aber klar doch! Den Außen-Pool nicht höher als 32 Grad heizen, das bringt schon was. Die Heizung runterdrehen, wenn man das Haus verlässt, und natürlich raus mit den Killerglühbirnen.

Dann kann man mit bloßem Auge erkennen, wie das Ozonloch kleiner wird. Hätten Sie gewusst, dass eine böse Glühbirne nur zehn Prozent ihrer Energie für das bisschen Licht verbraucht? Der Rest wird einfach irgendwo verjuxt. Ähnlich schlimm sieht es bei Gas aus, das deshalb auch bald zu Strom umgebaut werden soll (Achtung Heimwerker! Das ist komplizierter, als es hier dargestellt werden kann. Schlauch von hinten an Steckdose reicht nicht und kann zu Hustenreiz und Mattigkeit führen. Finger weg!).

Heulen könnte man, wenn einem die vergeudete Erdwärme in den Sinn kommt. Sinnlos wird Spargel gestochen, und auf den Erdbeerfeldern toben sich die Selberpflückbestien aus. Aber dass einer mal zehn Ballen Erdwärme sticht, da muss erst wieder ein Gesetz aus Brüssel kommen. Leicht skeptisch sind wir, ob das Klima im Wahlkampf die große Nummer werden kann. Für uns wird's teuer, und lass mal an Ostern dreißig Grad haben: Im T-Shirt Bötchen fahren und grillen auf dem Balkon – da kann in fünfzehn Jahren ruhig Sense sein, wenn das Wetter bis dahin so bleibt.

Deutsche Ideen

Seit dem 1.1. regiert Deutschland die Welt. Gut, erst mal Europa, aber für den maroden Kontinent ist es das Beste, wenn er mal eine Zeit lang klare Anweisungen aus Berlin kriegt. Da wollen wir dann auch nicht so sein, wenn sich im Sommer die Großkopferten auf Heiligendamm wieder mal auf unsere Kosten durchfuttern.

Warum ist das Ausland verrückt nach uns? Es ist unser größtes Kapital, unsere Ideen. Beispiel Flugzeugabschuss (zivil). Kaum war die Böllerei zu Ende, hat Bundesinnenminister Schäuble seinen neuen Plan bekannt gegeben: Grundgesetzänderung, Abschuss von Zivilflugzeugen im Fall einer terroristischen Bedrohung. Klingt vernünftig, droht aber leider wie üblich zerredet zu werden. Dabei kann der Begriff Terror gar nicht weit genug gefasst werden. Jeder kennt aus seiner Lokalzeitung die Überschrift: »Nächtlicher Fluglärm – Anwohner fühlen sich terrorisiert!« Natürlich kann niemand erwarten, dass mitten in der Nacht die Luftwaffe aufsteigt, um einen lärmigen Cargoflieger runterzuholen. Aber wie wäre es mit Entlastung des Staates durch private Initiative? Zimmerflak, und Ruhe ist im Karton. Menschenrechte und so müssten natürlich vorher geklärt werden. Auch wer schon mal Charter von Gran Canaria nach Münster/Osnabrück geflogen ist, kennt die Situation: Ständig muss einer aufs Klo. Da heißt es dann schnell mal: Der Dicke vom Mittelplatz aus Reihe 18 macht schon wieder Terror! Komplettabschuss wäre hier sicher überzogen. Aber wie wär's mit dem Verkauf von 1-Schuss-Handfeuerwaffen, parallel zum Kopfhörer? Vielleicht mit Verrechnungsmöglichkeit im jeweiligen Vielfliegerprogramm? Und dann erst noch das Elterngeld. Weltspitze! Deutsche Hochschwangere haben zum Jahreswechsel gekniffen, was der Beckenboden hält, damit der künftige Rentensicherer nicht noch in 06 den ersten eigenständigen Atemzug macht. Auch anthroposophisch angehauchte Väter befürchteten, die Plazenta mit gedämpfter Begeisterung verspeisen zu müssen, falls der Mutterkuchen finanziell wertlos noch vor Jahresfrist verschleudert wird. Wann kommt die Meldung, dass im Umweltministerium der unmittelbare Zusammenhang von Klimaerwärmung und DAX-Entwicklung festgestellt wurde? Wer braucht den Nordpol, wenn der DAX bei 3.000 dümpelt? Schmelzen und kassieren – ist die Zukunft.

Harald Schmidt
Mulatten in gelben Sesseln

Die Tagebücher 1945–52
Mit zahlreichen Fotos
KiWi 913
Originalausgabe

In diesem Buch veröffentlicht Harald Schmidt vorab Auszüge aus seiner Autobiographie. In den Tagebüchern 1945–52 geht es vor allem um das Hollywood der Siebzigerjahre, in dem Schmidt eine zentrale Rolle spielte. »Wenn ich an all die scharfen Bräute denke, die schon morgens auf dem Studiogelände auf mich warteten, tut es mir leid, dass ich die meiste Zeit so zugedröhnt war. Trotzdem drehten wir jeden Tag bis zu 200 takes, und abends schmissen wir das Material in irgendeinen gottverdammten Pool.« Auch Privates wird schonungslos offengelegt: Die Vaterschaftsprozesse in Kirgisien sowie der völlige Zusammenbruch, als Schmidt trotz 180 kg Körpergewicht am Ironman-Triathlon auf Hawaii teilnahm.
Im 2. Teil des Buches erhält der Käufer zusätzlich die traditionelle Auswahl der aktuellsten Focus-Kolumnen (statt DVD oder Reisetoaster).

»Eine satirische Abrechnung mit der Welt, der politischen Vergangenheit und dem heutigen Sprachgebrauch, den gängigen Klischees, denen Schmidt immer noch eines draufsetzt – ein fantastischer Albtraum.«

Kölner Stadt-Anzeiger

Paperbacks bei Kiepenheuer & Witsch KiWi PAPERBACK www.kiwi-verlag.de

Harald Schmidt
Tränen im Aquarium

Ein Kurzausflug ans Ende des Verstands
KiWi 318
Originalausgabe

Anfangs gab sich Harald Schmidt noch verzagt: »Warum dieses Buch? Ich weiß es nicht«. Dann sah er ein: »Wahrscheinlich braucht der Verlag mal wieder einen Nobelpreis.« Eine Lektüre für die ganze Familie.

»Ein Buch, das in keinem Haushalt fehlen darf, wo ein Tischbein zu kurz ist.« *Herbert Feuerstein*

»Der Mann verkörpert die letzten Werte des Abendlandes.«
Bettina Böttinger

Harald Schmidt
Warum?

Neueste Notizen aus dem beschädigten Leben
Die Focus-Kolumnen
KiWi 452

Das Beste aus der Feder des Meisters – Harald Schmidt ist der Mann, der gebraucht wird, wenn es klemmt: Soll ich Immobilien kaufen? Kann man nach Mallorca fahren? Ist Babyfunk abhörsicher? Warum vergeht die Zeit immer schneller? Erstmals tritt der für Bescheidenheit und Diskretion bekannte Autor mit seiner Bekenntnisschrift »Ich bin heterosexuell« fast nackt vor den Leser.

Harald Schmidt
Wohin?

Allerneueste Notizen aus dem beschädigten Leben
Die Focus-Kolumnen
KiWi 557

Von der Kamera an den Schreibtisch – der Meister des gesprochenen Wortes wechselt das Terrain und schreibt auf, was aufgeschrieben werden muss.

Helge Schneider
Die Memoiren des Rodriguez Faszanatas

Bekenntnisse eines Heiratsschwindlers
KiWi 968
Originalausgabe

Ausgelöst durch sein Faible für schnelle Sportwagen verwirrte Rodriguez Faszanatas die Damenwelt, brachte betuchte Witwen um ihr gesamtes Erbe, und auch junge Dinger waren vor ihm nie sicher. Schuldgefühle kannte er nicht. Sein sagenhaftes Einfühlungsvermögen in die innere Welt seiner Opfer machte ihn zu einer herausragenden Koryphäe in der Welt des amourösen Non troppo. Bestechende Zeugnisse seiner Liebeskunst sind die zahlreichen Dankschreiben früherer Opfer, die bis heute seine Geheimbriefkästen überall in der Welt füllen. Heute lebt er glücklich verheiratet in Saõ Paulo und genießt seinen Lebensabend. Aus Geldnot hat er sich entschlossen, sein Leben aufzuschreiben.

Manuel Andrack (Hg.)
Die Ruhe der Schlammkröte
von Guy Helminger

Wiederentdeckt, herausgegeben und
versehen mit Anmerkungen von Manuel Andrack
KiWi 978
Originalausgabe

1989

Helminger kellnert in der »Station«, der legendären Punk-Kneipe, und schreibt seinen ersten Roman. Titel: »Die Ruhe der Schlammkröte«. Der erscheint 1994 und verkauft sich nicht so gut. Vor der Theke: Andrack. Hält sich für einen Punk.

2007

Die »Station« hat vor 15 Jahren dichtgemacht, Guy Helminger ist gefeierter Autor. Manuel Andrack, M. A. (Magister Artium), kommt inspiriert von einer Germanisten-Tagung und hat die brillante Idee, den mittlerweile zum Klassiker gewordenen Erstling von Helminger in einer historisch-kritischen Ausgabe herauszugeben. Er versieht diesen Meilenstein der deutschen Belletristik mit rasiermesserscharfen Anmerkungen, die auch die eigenen wilden Zeiten nicht aussparen. Für den Philologen vollkommen uninteressant: die Entwicklungsgeschichte der »Station« und ihre Stoffgeschichte (Beck's, Budweiser, Bitburger). Doch Andracks Forschungsergebnisse sind spektakulär. Die Essenz der gesamten abendländischen Literatur seit Shakespeare findet sich in Helmingers Schlüsselroman.

Moritz von Uslar
100 Fragen an ...

KiWi 829
Originalausgabe

Eigentlich als Gegenwehr auf die absurden Bedingungen gedacht, unter denen Hollywoodstars interviewt werden, erschuf Moritz von Uslar eine Interviewform, in der sich die Gesprächspartner von einer gänzlich unbekannten Seite zeigen. Im Sinne der Ansage »So schnell wie möglich, denn wir haben ja nicht ewig Zeit« stellt er Berühmtheiten wie George Clooney, Elton John oder Hillary Clinton exakt 100 Fragen.
Uslars »100 Fragen«, einer großen Fangemeinde bekannt durch ihre Veröffentlichung im »SZ Magazin«, sind Extremtexte – messerscharf und gefährlich dicht dran.

»Endlich einer, der nicht fragt, was er schon weiß.«
Martin Walser

Paperbacks bei Kiepenheuer & Witsch KiWi PAPERBACK www.kiwi-verlag.de